永惺法師　講解

在家居士的修行指南

在家菩薩戒講記

人人皆可做菩薩

古籍書局
THE ANCIENT WORKS BOOK LIMITED

人人皆可做菩薩：在家菩薩戒講記

作　　者：永惺法師 講解

責任編輯：李璞妮

裝幀設計：木　萍

出　　版：古籍書局有限公司

香港尖沙咀金巴利道53號

E-MAIL：qiandedushu@qq.com

發　　行：香港聯合書刊物流有限公司

香港新界荃灣德士古道220-248號荃灣工業中心16樓

印　　刷：宏大印刷製本公司

版　　次：2024年12月第1版第1次印刷

定　　價：HK$ 78.00　NT$ 325.00

ISBN 978-988-70850-7-2

Published in Hong Kong

序

戒律在佛教修行中具有極其重要的地位。《華嚴經》云：「戒是無上菩提本，應當具足持淨戒；若能具足持淨戒，一切如來所讚歎。」可見，戒是無上菩提的根本。「由戒生定，由定發慧」，持戒是成就一切修行功德的基礎。又如《四分律》所云：「波羅提木叉者，戒也。自攝持威儀住處行根面首，集眾善法三昧成就。」可知戒是善法的初基，善法的依住處。通過持守戒律，行者可以防非止惡揚善，同時透過自我約束，減少三毒，清淨自性，增長智慧。這種發自內心的自我要求，是做人的基本道德，是慈悲心的體現，亦是和諧社會的重要元素。

戒有各種分類，如通戒與別戒、止持戒與作持戒、聲聞戒與菩薩戒、在家戒與出家戒等。其中「聲聞戒」指聲聞乘所受持的戒律，「菩薩戒」則是指大乘佛教所受持的戒律。這二者主要區別是聲聞戒偏重於儀式，而菩薩戒則偏重於心行。概括而言，菩薩戒的主要內容是三聚淨戒，即斷一切惡（攝律儀戒），積集一切善（攝善法戒），和攝受一切眾生（饒益有情戒）。

目前漢傳佛教中最為廣泛使用的菩薩戒戒本有三，分別是：

一、《梵網菩薩戒本》：出自《梵網經》（全稱《梵網經盧舍那佛說菩薩心地戒品第十》）的下卷，由後秦鳩摩羅什翻譯，包含十重戒和四十八輕戒。

二、《瑜伽菩薩戒本》：出自《瑜伽師地論・本地分中菩薩地第十五初持瑜伽處戒品第十》，由唐玄奘翻譯，列舉了四重戒和四十三輕戒。

三、《在家菩薩戒本》：出自《優婆塞戒經・受戒品第十四》，由北涼曇無讖翻譯，列舉了六重戒和二十八輕戒。

學人恩師永惺長老素來重視戒律的持守，在示寂時所作的《告弟子書》中更要求弟子們「均應以戒為師」。

長老法名演霖，別字永惺，俗家姓劉，生於1926年，祖籍遼寧喀左縣。十二歲出家，功行圓滿，於2016年安詳捨報示寂，世壽九十一歲，僧臘七十八載，戒臘七十三夏。長老夙具慧根，十二歲隨常修老法師披剃出家，十七歲受具足戒於吉林長春般若寺，求學於哈爾濱觀音寺佛學院及青島湛山寺佛學院，受教於倓虛、定西長老座下，後接法於倓虛長老，成為天臺教觀總持第四十五代傳人。因戰亂所迫，長老於1948年輾轉南下至香港，就讀華南佛學院，畢業後旋即投入到披荊斬棘的辦道歲月。在香港開展菩提事業弘法近七十載，長老恆以「教演天臺，行歸淨土」為宗旨，建寺安僧，弘揚正教，培僧育才，法化宏開，創建東林念佛堂、西方寺、虛雲和尚紀念堂、菩提學會、美國德州佛教會及多間佛學院等，對淨土法門之弘揚可謂不遺餘力。與此同時，長老身在佛門，心懷眾生，以出世無我之精神，辦濟世利他之善業，創建東林安老院、佛教菩提護理安老院等。2012年，香港特區政府授予長老銀紫荊星章，盛讚長老「多年來熱心服務社會，表現卓越，尤其致力弘揚佛法，備受尊崇」。2014

年永惺長老被公推為香港佛教聯合會榮譽會長，接負起香港佛教界精神領袖之重任，直到2016年5月6日長老一生功德圓滿，捨報示寂。長老的一生，所踐行的，正是菩薩道的精神。

今年是菩提學會成立六十周年，為懷念長老，我們將長老講解《在家菩薩戒》的錄音整理成書，取名為《人人皆可做菩薩：在家菩薩戒講記》。在此次講解中，長老於開篇為居士們詳解戒律的意義，之後按戒本戒條順次講演六重戒和二十八輕戒。其中六重戒分別指殺戒、盜戒、大妄語戒、邪淫戒、說四眾過戒、酤酒戒。二十八輕戒則指不供養父母/師長戒、耽樂飲酒戒、不瞻病苦戒等二十八種輕戒。長老深具佛法圓融無礙的智慧，對佛法各宗思想、主旨都有深厚的把握，並能將其融會一體，任運自如。此次講解融會了佛教中主要術語的解釋，一方面令久修之行者透過長老的講解，不但能對戒律及其「開遮持犯、輕重之相」有深刻的領悟，亦能從戒律這一角度鞏固加強對佛理教法之理解。另一方面又能令初習者對佛理教法有較為系統地的認識。可見此講記實為指導行者的經典之作！

本人於1986年追隨長老剃度出家，親炙恩師座下三十餘載。長老捨報示寂近十年間，時時憶念恩師之教誨。佛陀入涅槃前，為眾弟子宣說法要：「汝等比丘，於我滅後，當尊重珍敬波羅提木叉，如闇遇明、貧人得寶。當知此則是汝大師，若我住世無異此也。」恩師示寂時，亦要求弟子們「均應以戒為師」。

今天，我們整理出版這部講記，不僅是對長老的懷念，更是對長老精神的傳承。通過學習長老的講解，希望大家在持戒時有所依憑。祈望眾行者能於修行路上依循長老的足跡，依教奉行，持戒精嚴，福慧雙修，早證菩提。阿彌陀佛！

法嗣寬運

二零二四年十月於西方寺

目錄

在家菩薩戒本 一三
解釋名題 三一
六種重戒 五三
殺戒第一 五五
盜戒第二 八二
大妄語戒第三 八六
邪淫戒第四 九二

說四眾過戒第五　九五
酤酒戒第六　一〇五

二十八種輕戒

二十八種輕戒　一一三
不供養父母、師長戒第一　一一四
耽樂飲酒戒第二　一二二
不瞻病苦戒第三　一二四
見乞不與戒第四　一三〇
見四眾尊長不承禮拜戒第五　一三三
見四眾毀戒心生憍慢戒第六　一四一
不持六齋戒第七　一四四
不往聽法戒第八　一四八

受僧用物戒第九　一五一
飲蟲水戒第十　一五四
險難獨行戒第十一　一五七
獨宿尼寺戒第十二　一六〇
為財打人戒第十三　一六一
殘食施四眾戒第十四　一六四
蓄貓狸戒第十五　一六六
蓄養畜獸不淨施戒第十六　一六九
不蓄三衣鉢杖戒第十七　一七二
作田不求淨水陸種處戒第十八　一七六
市易販賣斗秤不平戒第十九　一七九
非時非處行欲戒第二十　一八二

商賈不輸官稅戒第二十一　一八四
犯國制戒第二十二　一八六
得新食不先供三寶戒第二十三　一八七
僧不聽說法輒自作戒第二十四　一八九
在五眾前行戒第二十五　一九二
僧食不公分戒第二十六　一九五
養蠶戒第二十七　一九八
行路見病捨去戒第二十八　二〇〇
結文　二〇二
附：信眾問答　二〇八

在家菩薩戒本

殺戒第一

善男子：優婆塞、優婆夷戒，雖為身命，乃至蟻子，悉不應殺。若受戒已，若口教授，若身自殺，是人即失優婆塞、優婆夷戒，是人尚不能得暖法，況須陀洹至阿那含。是名破戒優婆塞、優婆夷，臭優婆塞、優婆夷，旃陀羅優婆塞、優婆夷，垢優婆塞、優婆夷，結優婆塞、優婆夷。是名初重。

盜戒第二

優婆塞、優婆夷戒，雖為身命不得偷盜乃至一錢。若破是戒，是人即失優婆塞、優婆夷戒。是人尚不能得暖法，況須陀洹至阿那含，是名破戒優婆塞、優婆夷，臭、旃陀羅、垢、結優婆塞、優婆夷。是名二重。

大妄語戒第三

優婆塞、優婆夷戒，雖為身命不得虛說，我得不淨觀至阿那含。若破是戒，是人即失優婆塞、優婆夷戒。是人尚不能得暖法，況須陀洹至阿那含。是名破戒優婆塞、優婆夷，臭、旃陀羅、垢、結優婆塞、優婆夷。是名三重。

邪淫戒第四

優婆塞、優婆夷戒，雖為身命不得邪淫。若破是戒，是人即失優婆塞、優婆夷戒。是人尚不能得暖法，況須陀洹至阿那含。是名破戒優婆塞、優婆夷，臭、旃陀羅、垢、結優婆塞、優婆夷。是名四重。

說四衆過戒第五

優婆塞、優婆夷戒，雖為身命不得宣說比丘、比丘尼、優婆塞、優婆夷所有罪過。若破是戒，是人即失優婆塞、優婆夷戒。是人尚不能得暖法，況須陀洹至阿那含。是名破戒優婆塞、優婆夷，臭、旃陀羅、垢、結優婆塞、優婆夷。是名五重。

酤酒戒第六

優婆塞、優婆夷戒，雖為身命不得酤酒。若破是戒，是人即失優婆塞、優婆夷戒。是人尚不能得暖法，況須陀洹至阿那含，是名破戒優婆塞、優婆夷，臭、旃陀羅、垢、結優婆塞、優婆夷。是名六重。

善男子！若受如是優婆塞、優婆夷戒，能至心持，不令毀犯，則能獲得如是戒果。善男子！優婆塞、優婆夷戒名為瓔珞，名為莊嚴，其香微妙，熏無不徧。遮不善法。為善法律。即是無上妙寶之藏。上族種姓大寂靜處。是甘露味。生善法地。直發是心。尚得如是無量利益。況復一心受持不毀。

二十八輕戒

不供養父母、師長戒第一

善男子，如佛說言，若優婆塞、優婆夷受持戒已，不能供養父母師長，是優婆塞、優婆夷得失意罪，不起、墮落、不淨、有作。

耽樂飲酒戒第二

若優婆塞、優婆夷受持戒已，耽樂飲酒，是優婆塞、優婆夷得失意罪，不起、墮落、不淨、有作。

不瞻病苦戒第三

若優婆塞、優婆夷受持戒已，惡心不能瞻視病苦，是優婆塞、優婆夷得失意罪，不起、墮落、不淨、有作。

見乞不與戒第四

若優婆塞、優婆夷受持戒已，見有乞者，不能多少隨宜匃分，與空遣還者，是優婆塞、優婆夷得失意罪，不起、墮落、不淨、有作。

見四衆尊長不承禮拜戒第五

若優婆塞、優婆夷受持戒已，若見比丘、比丘尼、長老，先宿優婆塞、優婆夷等，不起承迎、禮拜、問訊，是優婆塞、優婆夷得失意罪，不起、墮落、不淨、有作。

見四眾毀戒心生憍慢戒第六

若優婆塞、優婆夷受持戒已，若見比丘、比丘尼、優婆塞、優婆夷毀所受戒，心生憍慢，言我勝彼，彼不如我，是優婆塞、優婆夷得失意罪，不起、墮落、不淨、有作。

不持六齋戒第七

若優婆塞、優婆夷受持戒已，一月之中不能六日受持八戒，供養三寶，是優婆塞、優婆夷得失意罪，不起、墮落、不淨、有作。

不往聽法戒第八

若優婆塞、優婆夷受持戒已，四十里中有講法處不能往聽，是優婆塞、優婆夷得失意罪，不起、墮落、不淨、有作。

受僧用物戒第九

若優婆塞、優婆夷受持戒已，受招提僧臥具床坐，是優婆塞、優婆夷得失意罪，不起、墮落、不淨、有作。

飲蟲水戒第十

若優婆塞、優婆夷受持戒已，疑水有蟲，故便飲之，是優婆塞、優婆夷得失意罪，不起、墮落、不淨、有作。

險難獨行戒第十一

若優婆塞、優婆夷受持戒已，險難之處無伴獨行，是優婆塞、優婆夷得失意罪，不起、墮落、不淨、有作。

獨宿尼寺戒第十二

若優婆塞、優婆夷受持戒已，獨宿尼寺，是優婆塞、優婆夷得失意罪，不起、墮落、不淨、有作。

爲財打人戒第十三

若優婆塞、優婆夷受持戒已，為於財命打罵奴婢、僮僕、外人，是優婆塞、優婆夷得失意罪，不起、墮落、不淨、有作。

殘食施四衆戒第十四

若優婆塞、優婆夷受持戒已，若以殘食施於比丘、比丘尼、優婆塞、優婆夷，是優婆塞、優婆夷得失意罪，不起、墮落、不淨、有作。

蓄貓狸戒第十五

若優婆塞、優婆夷受持戒已，若蓄貓狸，是優婆塞、優婆夷得失意罪，不起、墮落、不淨、有作。

蓄養畜獸不淨施戒第十六

若優婆塞、優婆夷受持戒已，蓄養象、馬、牛、羊、駝、驢，一切畜獸，不作淨施未受戒者，是優婆塞、優婆夷得失意罪，不起、墮落、不淨、有作。

不蓄三衣鉢杖戒第十七

若優婆塞、優婆夷受持戒已，若不儲蓄僧伽梨、衣、鉢、錫杖，是優婆塞、優婆夷得失意罪，不起、墮落、不淨、有作。

作田不求淨水陸種處戒第十八

若優婆塞、優婆夷受持戒已，若為身命須田作者。不求淨水及陸種處，是優婆塞、優婆夷得失意罪，不起、墮落、不淨、有作。

市易販賣斗秤不平戒第十九

若優婆塞、優婆夷受持戒已，為於身命，若作市易斗秤賣物，一說價已，不得前卻捨賤趣貴；斗秤量物任前平用，如其不平，應語令平。若不如是，是優婆塞、優婆夷得失意罪，不起、墮落、不淨、有作。

非時非處行欲戒第二十

若優婆塞、優婆夷受持戒已，若於非處、非時行欲，是優婆婆塞、優婆夷得失意罪，不起、墮落、不淨、有作。

商賈不輸官稅戒第二十一

若優婆塞、優婆夷受持戒已，商估販賣，不輸官稅，盜棄去者，是優婆塞、優婆夷得失意罪，不起、墮落、不淨、有作。

犯國制戒第二十二

若優婆塞、優婆夷受持戒已，若犯國制，是優婆塞、優婆夷得失意罪，不起、墮落，不淨、有作。

得新食不先供三寶戒第二十三

若優婆塞、優婆夷受持戒已，若得新穀、果、蓏、菜茹，不先奉獻供養三寶，先自受者，是優婆塞、優婆夷得失意罪，不起、墮落、不淨、有作。

僧不聽說法輒自作戒第二十四

若優婆塞、優婆夷受持戒已，僧若不聽說法、讚嘆，輒自作者，是優婆塞、優婆夷得失意罪，不起、墮落、不淨、有作。

在五衆前行戒第二十五

若優婆塞、優婆夷受持戒已，道路若在比丘、沙彌前行，是優婆塞、優婆夷得失意罪，不起、墮落、不淨、有作。

僧食不公分戒第二十六

若優婆塞、優婆夷受持戒已，僧中付食，若偏為師，選擇美好，過分與者，是優婆塞、優婆夷得失意罪，不起、墮落、不淨、有作。

養蠶戒第二十七

若優婆塞、優婆夷受持戒已，若養蠶者，是優婆塞、優婆夷得失意罪，不起、墮落、不淨、有作。

行路見病捨去戒第二十八

若優婆塞、優婆夷受持戒已，行路之時，遇見病者，不往瞻視，為作方便，付囑所在，而捨去者，是優婆塞、優婆夷得失意罪，不起、墮落、不淨、有作。

善男子！若優婆塞、優婆夷至心能受持如是戒。是人名為優婆塞、優婆夷中分陀利華。優婆塞、優婆夷中微妙上香。優婆塞、優婆夷中清淨蓮華。優婆塞、優婆夷中真實珍寶。優婆塞、優婆夷中丈夫之人。

善男子！如佛所說，菩薩二種，一者在家，二者出家。出家菩薩名為比丘，在家菩薩名優婆塞。出家菩薩持出家戒，是不為難。在家菩薩持在家戒，是乃為難。何以故？在家之人，多惡因緣所纏繞故。

解釋名題

各位居士：

今天晚上在這裏為大家講解《在家菩薩戒》，這部戒是出家、在家都有的。今天所講的，主要是為在家居士而講的在家菩薩戒。常說佛教有四眾弟子，即出家二眾、在家二眾，而實際上是有七眾弟子。因為出家跟在家二眾，這是受了菩薩戒的，所以揀別。七眾弟子中，除了比丘、比丘尼、優婆塞、優婆夷、沙彌、沙彌尼，還有式叉摩那。式叉摩那是小戒女，這七眾弟子都屬於佛的弟子。

我們現在說的是在家菩薩戒，順帶說一說佛四眾弟子的分別。出家二眾就是比丘、比丘尼，比丘也叫苾芻，翻譯成我們中國話叫乞士，也叫除饉、薰士、道士，有多種的含義。乞士在這麼多的含義之中，他的譯法是最正確的，主要指受了具足戒的出家人，男稱比丘，女稱比丘尼。乞士者，上乞佛法、下化有情，就是上求佛法，下化眾生的意思。

比丘又稱為清淨乞士，乞士要乞的清淨。甚麼是清淨呢？就是心裏沒有染汙，具足清淨。乞士也要啟發人的信施，而清淨活命。為了自己的生活，為了自己的修行，將來能夠離苦得樂，早成佛道。所以乞士也是乞人家的飲食，活自己的命，而尋求佛法者。

第二個意思，破煩惱。吃了飲食，纔好修行。修行能破無數劫前的煩惱和業習，而成聖道。

第三個意思，持淨戒。盡其形命，到死為止，整個期間都要受持清淨戒，這樣纔能給世人種福田。

第四個，能怖魔。出家之後受了三壇大戒，就是魔王少了子孫。魔王是唯恐人出家，唯恐人去修道的。如果不去修道、不去出家，我們都是魔王的弟子。而一個比丘出家了，他已經離開，就不再是魔王的弟子，而成為乞士，是一個超出世間的人，所以魔王恐怖，這就是怖魔。

以上是說比丘、比丘尼含藏的四種意思。

在家二眾，即優婆塞、優婆夷。優婆塞是男眾，優婆夷是女眾。翻成我們中國話，所謂近事男、近事女，就是親近奉事三寶的人。因為我們常親近三寶，與三寶很接近，所以叫近事。

再解釋菩薩。菩薩這兩個字是簡稱，具足說叫菩提薩埵，菩提翻為「覺」，薩埵翻為「有情」，合起來就叫「覺有情」。「覺有情」的意思是上求佛道、下化眾生。菩提，有的地方叫無上道，薩埵是大道心，合意指發大心為眾生上求佛道的弟子，他們就叫菩提薩埵或簡稱為菩薩。菩薩的義很廣泛，有凡位的菩薩，有聖位的菩薩，有等覺的菩薩，有十地的菩薩。菩薩就是在未成佛以前，行菩薩道、廣化眾生的人。也可以尊稱人：「你這位老菩薩」。稱人的這個菩薩，是我們凡位的菩薩，他發心修學佛法，也可以度化一切眾生，所以都稱為「菩薩」。

在家菩薩戒，「戒」梵語叫屍羅，翻譯為中國話叫戒，是為防止我們身、口、意的過患，所以要守口如瓶、守身如玉。我們規定，祇要是佛弟子，都應該守持戒律。「戒」是止惡防非的意思，也是清涼的意思，因為我們有煩惱在心中，就感到很熱惱，心煩意亂。受持戒律，心地就清涼，裏面沒有熱惱的苦了。

戒又是上求佛道的一個梯凳，用以一步一步地向上爬。戒有五戒、八戒、十戒、具足戒，還有菩薩的十重四十八輕戒，分為這四個階梯，階梯都稱為戒。戒能夠止息惡業，斷一切惡習。甚麼叫習氣呢？比如這個人抽煙，抽的慣了，不抽的時候嘴裏頭也是淡淡的，總想着含一點東西，這就是習氣。眾生貪嗔癡的習氣很重，時時都想到貪嗔癡的事情，所以要持戒，摒除亂想，漸漸地深入禪定，而證得涅槃。

經裏說：

「所謂戒者，息諸惡故，戒能成道，令人歡喜。戒瓔珞身，現眾好故。夫禁戒者，猶吉祥瓶，所願便克，諸道品皆由戒成。如是，比丘！行禁戒者，成大果報，諸善普至。得甘露味，至無為處，便成神通，除諸亂想，獲沙門果，自致涅槃。」

戒能夠把一切諸惡都息除，戒能夠成就佛道，令人增進。要持戒清淨，佛道可成，令人歡喜。就是你若持戒清淨，人家都會歡喜，你走在哪裏都受尊敬。瓔珞，女士們帶在身上的項鏈、珠寶、珍珠這些東西，都屬於瓔珞。瓔珞可以嚴身，就是莊嚴身，戒也是莊嚴身的。

你們看到菩薩滿身都是瓔珞，為甚麼菩薩要戴瓔珞？因為菩薩是在修佛道的期間，這叫莊嚴無上菩提。他修六度萬行，那就是他的瓔珞。他修福修慧，所以身上有很多瓔珞，很多裝飾。這是在因地的時候，到了果地，圓滿了，佛身就清淨了，萬德莊嚴，他心中有個「卍」字。看到佛像有一個「卍」字，就代表他修得圓滿之後不再需要那些瓔珞了。到最後，萬德莊嚴，甚麼都圓滿了。這叫戒瓔珞身，就是持戒清淨，就等於莊嚴你的身體了。

現眾好故。佛有三十二相、八十種好。他修六度萬行，簡單說是福慧兩足尊，福修圓滿了，慧也修具足了，就現眾好，他的所有相好都現出來了。

猶如吉祥瓶。禁戒，猶如吉祥瓶一樣。有一種供佛的瓶子叫吉祥瓶，裏邊裝着花、香等各種供品。

所願便克。持戒清淨，你發的願也誠懇，你所想做的事情都能滿願，能夠隨心所欲。

所以諸道品，皆由戒成。你要想着，成佛都要由戒而成就。沒有戒，就沒有根本，所謂「戒為無上菩提本，長養一切諸善根。」戒對我們每一個人，尤其是修行的人是非常重要的。

如是比丘行禁戒者，成大果報。如果你持戒修行，就能夠成就大的果報。甚麼是大的果報？成佛。佛一切具足，這個果報就大了。佛是四生的慈父，三界的導師，沒有再比他高的，所以有戒能成大果報。

諸善普具。一切的善法都具足，都能圓滿。

得甘露味。甘露是不死藥，吃了能夠長生不老，等於甘露味是最好吃的。

至無為處。無為處，就是無所作為的處所，那就是最高無上、沒有駕乎其上的了。所以佛陀被稱為無上尊、正等正覺。至無為處，到無所作為之境。凡是有相的，都是有為的，有為的就是有所作為的。

便成神通。到了無為處，便成神通。佛的神通是廣大無邊的，沒有人能夠超過他。無為處，他所證得的聖果不是造作來的，是本有的，是由修為而證得的。到了無為的境界，他的神通也是廣大的。世說三千大千世界，每一個世界裏下的雨點，佛都知道數，知道掉了多少滴雨點，所以佛的神通道力是再沒有能超過他的了。

佛的智慧，以下這個故事可以說明：

有一次，佛在印度遇到一個外道，這外道想着試探佛的智慧有多大。他跑到佛前，說：「人家都說你是世間的智人，我想試探你。」他指一指一片樹林，問：「樹林裏頭的樹有多少枝，多少葉？」佛就說多少多少，說了一個很長的數目。外道也不知道佛說的究竟是錯還是對，他伸手擼了一把樹葉下來，說「不對」。佛就跟他說：「我說的對不對，你根本就不知道。你手裏頭現在有多少多少個樹葉。」外道一數，跟佛所說的一點都不差，後來他就皈依佛出家了。佛陀的智慧是最高無上的，他的神通也是最高無上的，沒有人能夠超過他。

除諸亂想。如果有持戒，能夠除諸妄想，就是持戒清淨的人，他的妄想都少了。

獲沙門果，自致涅槃。如果再進一步修禪定，能夠獲沙門果，得到涅槃。沙門果就是聖果，聖人的果，也就是解脫道。自致涅槃，「涅槃」翻為不生不滅，也就是佛道，證得不生不滅的果，那就是涅槃。

持戒清淨的人還能生慧，能夠開智慧。嚴持戒律，會讓我們的身、口、意三業清淨。三業清淨的弟子們，能夠由靜而生定，修持禪定的時候也能得道，所以戒定慧為三無漏學。由戒而能生定，定而能發慧。戒定慧，戒是根本。持戒清淨，自然也能生慧，能夠生定，這是相連的。由定而能發慧，你要定，所謂淨極光通達。修禪定，修到極清淨，一切妄想頓除的時候，你的智慧就發出來了，所謂「淨極光通達」。

經裏說：

「與諸比丘說戒、定、慧。修戒獲定，得大果報；修定獲智，得大果報；修智心淨，得等解脫，盡於三漏——欲漏、有漏、無明漏。已得解脫生解脫智：生死已盡，梵行已立，所作已辦，不受後有。」

《長阿含經》之《遊行經》中記載：「世尊為諸大眾說戒、定、慧。」佛這麼一說，聽法的大眾還得戒、定、慧的三無漏學，能夠得大果報。修定得智慧，得大果報。修心、修智，心裏頭清淨，得大解脫。「漏」是漏落，就像瓶子漏水，這叫漏。進入三無漏，就是欲漏、有漏、無明漏，這三漏你都能清淨，都能解除。欲漏，就是我們人世間，哪個人沒有欲望？有欲望，越貪越多，就是貪欲。這都屬於煩惱之一，有了煩惱就有墮落，這是漏。這是有漏的。人人都有煩惱，你有煩惱就有欲。煩惱，由甚麼地方來的？由無明來的，生起無明，這就是生死的一個根本，就屬於漏。

《楞嚴經》說：「戒能生定，由定發慧，所以戒能出離三漏，解脫生死，得大果報。」持戒清淨，所以他就有定力，有了定力智慧就發出來了。所以有了戒能出離三漏，就是除去欲漏、有漏、無明漏，把這三漏都能夠出離，也就是出離三界、了脫生死，就是解脫我們的生死。我們在三界以內，都在生死的苦海之中，離開這三界，那麼你的生死就了了。

我們學佛，為甚麼？就想要求智慧。有了智慧就能上求佛道，就能看出世間一切有漏之法是不實在的。所以我們要學佛，求開大智慧。能夠開智慧，菩提自性，人人本有，即人人都有佛性。我們能夠學佛，將來都能成佛，是因為我們本性裏具足。如果不具足，怎麼修也修不了。

舉一個例子。比如木頭，它裏頭具足火性，你用火一燒，它就着了。因為它有這個火性，所以纔能着火。一把沙子，它沒有油性，你怎麼樣去煮它，你怎麼樣去煉它，都不會出油的。

人人都有佛性。我們又持戒，又修智慧，又修禪定，而能得智慧，將來都能成佛道，都能了脫生死，因為我們本性裏具足。

持戒者，能夠人人生慧。智慧，是由你本性裏發出來的。每一個人都有佛性，但為甚麼我們的佛性不能顯發呢？因為我們的貪欲，貪嗔癡的種種煩惱，把本有的清淨心給蓋覆住了，就顯發不出來了。如同天上的太陽，有雲霧的時候我們看不見，因為它被雲霧遮住了，所以顯化發不出來光亮，不是它沒有出來。人人都是這樣，我們本來就有佛性，本來就有清淨的光明，與佛同體，與佛是同樣的。

戒有四種說法，就是戒法、戒體、戒行、戒相，分這四科。戒法，就是佛所製的戒。戒沒有第二個人可以製的，唯有佛纔能制戒。在（佛成道後）十二年以前，佛不制戒的，說的簡戒——自淨其意，是諸佛教。那時沒有犯戒的人。十二年以後，因為出家人多了，其中就有犯各種戒行的，佛就一一制戒。前面講到，在家的五戒、八戒，沙彌的十戒，比丘的二百五十戒，比丘尼的三百四十八戒，還有十重四十八輕戒，這些戒條，都屬於戒法，是制止的意思。

戒體，是指受戒以後，能夠作法成就，這就是戒體。能作法成就的，戒體在甚麼地方？比如受比丘戒，壇上有十師。十師有做羯磨法，叫三說，就是這個羯磨法說了三次，比丘戒體成就了。就在十師一受，這叫得處所比丘。十師地方如法，要結戒。十師如法，一切都如法，那麼戒法就成就了。就在當時，受菩薩戒也是，沙彌有沙彌戒的戒體，比丘有比丘戒的戒體，菩薩有菩薩戒的戒體。菩薩戒的戒體是金剛光明寶戒，一受永受，它是沒有斷滅的。在家菩薩戒就是三師下了壇之後，對諸佛菩薩有一個文稟告，三說，戒體就在三說那個時候成就。文有三條，對佛菩薩念這個文之後，戒體當下就得到。因為有釋迦佛、有文殊菩薩、有彌勒菩薩，文殊菩薩是羯磨和尚，彌勒菩薩是教授和尚，釋迦佛是所見本師。三師是代表性的，一說一三宣，戒體就得到了。戒體得到後，人的身死亡了，戒體仍然存在。如果我們受比丘戒，人死亡了，戒體就沒有了，就失去了。

在緬甸，我曾親臨其境。那裏有一個長老，他死亡了，他很多徒弟都不拜，都不頂禮。我就問他們：「為甚麼師父死了都不拜呢？」他們說：「他沒有戒體了，所以就不拜死屍。」還說「也不拜師父。」他們所受的戒就是比丘戒，他們沒有菩薩戒，衹有沙彌、比丘這兩種。所以他們的師父死了，徒弟都不拜、不頂禮。我們中國不是的，師父死了，我們都要叩頭、頂禮。為甚麼？因為他有菩薩戒，菩薩戒是師父雖死了，他的戒體仍然在，所以我們照樣可以頂禮的。

菩薩戒的戒體是金剛光明寶戒，這叫一受永受，生生世世戒體不死。即使犯了戒，它的戒體仍然存在，所以受菩薩戒的好處很大。

戒行，指受戒以後，佛弟子的身、口、意三業，如戒奉行，就是每一條都要守持清淨，不可以毀犯。如果犯了戒，要懺悔，可以懺悔。一般根本戒不可懺悔，但是在家的菩薩戒有六重二十八輕戒，是都可以懺悔的。懺悔要有大眾僧，就是很多的僧人幫你懺，作法懺。比如取相懺，我們犯戒了，要拜懺，如果見光、見花、見着異香滿室、見着各種祥瑞，那就證明你的罪業清淨了。不然的話，你罪有，罪上還要加罪，還要發生利息的。

戒相，指相狀，一條一條的各種戒法，如五戒、八戒、十戒、出家的具足戒等。十戒有四個檔次，是小乘的戒的分相，所以叫作戒相。受了戒的佛弟子，要持戒不悔，不犯戒。《中阿含經·習相應品》裏說：「持戒者，令不悔義。」持戒，就是守持戒律，沒有毀壞，這叫不悔義。若持戒者，便不得悔，不悔者令歡悅義。持戒的人他不毀壞，不悔者令歡悅義。你是持戒清淨的人，大家看到你很歡喜。如果你是犯戒的人，你走到哪兒，鬼神會把你的腳印抹掉，他不願意看見你，也不願讓人家踩到你的腳印。一個人犯了戒，不會想讓人知道的，可是人人都知道。為甚麼？因為有一些鬼神給你宣揚。「某某人犯戒了」，他這麼宣揚的時候你聽不見，但是心裏知道，很怪的。

戒是一個成佛的正因，在修行佛道的路上是非常重要的，我們一定要堅持。在出家衣服腋窩這裏有兩條帶，起甚麼作用？以前有戒刀，這裏是裝着刀的，是刀子的鞘。那個刀有甚麼用？倘或遇到有破戒的因緣，可以自殺，不讓他犯戒。生命都捨除，也不可以破戒。現在兩個刀變成兩個帶了，失去了它的用意。現在，自殺也屬於犯戒，但是為了保持戒體的清淨，可以自殺而不可以犯戒，是這樣的意思。

如果犯了戒，墮地獄，墮了無間地獄，受罪、受苦的劫數非常長。墮了地獄去，經過多少劫多少劫受苦，所以真是可怕。看一看戒律的那種墮到地獄裏受苦的情形，時間長超出預算，沒有辦法能夠出來的。為甚麼地獄那麼苦、時間那麼長？因為造罪的時候，第一，你的用心很深、很重，所以受苦也深、時間也長。如果造罪的時候輕，根據你心當時的情況，就像現在的法院，殺了人，當時是在甚麼情況之下，都是根據觸犯法律的輕重判決的，受地獄苦楚也是這樣的。

戒本，菩薩戒本，這個「本」字有廣義、有狹義，有兩種意思。廣義上，「本」是一切事物的根本，樹有樹的根，草有草的根，人有人的根，都有根本的。從修身方面來說，道德是基礎，也就是我們的人格。對待父母要孝順，對待子女要愛護，這是君子務本，就是對父母要孝順，不可以忤逆。佛制各種戒律，如果戒者是孝也，我們順從佛教，就要對佛盡孝。在修道的路途之中堅持戒行，這就是遵從佛戒，也就是遵從佛的遺囑，那就對佛盡孝了。如果不持戒的話，就失去了根，要永遠受苦了。各種戒律，就是佛弟子修道的儀規。循着戒律，可以由凡而成聖。所以，修佛道如果不持戒，就是不務本，將來不能夠得解脫，永遠是一個凡夫，這是很可惜的。

學佛者應知，首先，學佛不是要離開我們的本位去專修佛法，要先由人做起。對父母不孝順，對兒女不愛護，做人的根本資格都不夠。所以學佛先由人做起，首先盡本分。做太太的，要對家庭負責，即對內；先生要對外，把這家庭安置好。小有所長，老有所安，這個家庭會和樂。在此之餘再去學佛，那麼你的佛也會成就。如果不顧家庭，老是跑佛堂去，甚至一天到晚，都在佛堂裏，你說這不對嗎？對，但是你在家庭中的職務已經失去了一半，對家庭沒做好。我們首先要顧着家庭，在家中，有多餘的時間，去做義工、去修學佛法，這可以的。如果祇顧去修佛，而不顧家庭、不顧一切，這樣學佛會有所虧欠，佛教之中也不願意看到這種情形的。

佛教裏，不但對家庭要負責任，還要讓一般世俗的人上行下效，要做人很好了纔行。佛教徒不單對家庭負責，對社會上的事務也要負責。有不好的人，要勸勉他學好；不孝順父母的，有責任來勸勉他孝順父母……我們是教化眾生的。在報四恩之中，也有報眾生恩，這個眾生恩不單單是我們的父母兄弟姊妹，還有社會上很多的人。因為我們都是有關係的，所以對別人也要恭敬，也要愛護，這又比一般世俗的人的責任更擴而大之。學佛的人要更廣闊一些，不限於一個家庭，對社會上的一切事務，都要去盡責任、守信位，這樣纔是一個佛教徒。

我今天下午，還為長者頒發獎品，這些長者是香港、九龍、新界各個區域裏推選出來的，選出十名。他們對地方、對家庭盡責任，做義工服務社會，推選活動很隆重，參與的有三百多人。我們分幾個區域來選，每個區域都有過百人，再從過百人中選出十名。提選標準是對家庭愛護，對社會困難人羣有幫助。今天頒獎的意義，是對老人的愛護尊敬，這是應該的。因為老人年輕的時候把所有的精力付出了，為家庭、為社會做事，到老了，也應該有一定的地位受到尊敬，這纔能夠促進社會安寧，這是非常有意義的事情。佛教的戒也叫孝，孝名為戒，是順從佛的言教，也要對人家尊敬，這就是戒的本意。

上面說的是「本」的廣義，狹義來說就是書本，就是戒本。這一本，也就是集六重二十八輕戒所成的書本。《在家菩薩戒本》是從《菩薩戒經》裏的《受戒品》中錄出來的，戒品很多很多，這裏是從《受戒品》裏錄出來的一部分，是為適用於特定的對象，就是在家居士應該持的戒，共有六種重戒、二十八種輕戒。這些戒條在家居士可以受持，不是不能守的，不能守的戒就沒有用了。在家居士可以受持的，錄出來，僅限於在家居士，不適於出家眾。出家眾有十種重戒、四十八種輕戒，比在家居士多出好多，所以這叫作《在家菩薩戒本》。

講這個戒本過去通常都是七天，那也是勉勉強強粗枝大葉地講，現在五天又縮短了時間，所以要快一點講。我們現在把戒的題目寥寥說了。

六種重戒

殺戒第一

現在說六種重戒的第一個——殺戒。

善男子：優婆塞、優婆夷戒，雖為身命，乃至蟻子，悉不應殺。若受戒已，若口教授，若身自殺，是人即失優婆塞、優婆夷戒，是人尚不能得暖法，況須陀洹至阿那含。是名破戒優婆塞、優婆夷，臭優婆塞、優婆夷，旃陀羅優婆塞、優婆夷，垢優婆塞、優婆夷，結優婆塞、優婆夷。是名初重。

善男子，這個「善」字，是吉祥的意思，也是美的意思，美稱的意思。就一般人來說，因本身修為以及發露於外的行為，也就是所做的事情而得到大眾很尊敬、很美、很吉祥的稱呼的人，稱為善人。就是他常常做好事，人家要恭稱他，稱他為善人。善男子，就是做好事的男人，做好事的女人，稱為善女人。在佛教徒來說，凡聞佛法、修學佛道的人，嚴守在家五戒，或者八關齋戒的，就是戒本裏所說善男子！以在家戒本來說，專指十師戒會裏參加受戒的優婆塞、優婆夷。這是講善男子、善女人這個尊稱，指最好的、修學佛道的男女。他們就不應該再殺生，殺生那就不是善男子了，就與這個稱呼相違了，是吧？

雖為身命，乃至蟻子，悉不應殺。這是第一個戒，戒殺。為了身命，養我們的色身，販賣肉類，算殺生嗎？我不殺生，有人來殺，我去販賣，這個也是不好的。殺生，不管你受戒不受戒，都有罪，這叫性分中的罪。一切眾生都愛惜自己的生命，你看一個最小的螞蟻，你要去捉它，它趕快逃走；你要有一點糖，有一點甜的東西，螞蟻自己不獨吃，它回去找它的同類，一塊來。有一塊糖的地方，不一會就來了很多螞蟻，它去報信。它有它的羣眾、它的父母兒女，所以很快就招了一大堆，來吃這個東西。那個蟻子啊，它也是有靈性的。雖然造了罪，轉成螞蟻那麼小的生命，但它有它的思想，有它的身形。我們人看起來很大，實際上，如果天人看我們，就等於我們看螞蟻那麼小。所以在它那個境界，它不以為小，它以為身體跟人一樣。蟻子就是一個螞蟻，悉不應殺。反正凡是有生命者，都不應去殺它，殺它就有罪。

享受这个身。我們的色身是由四大聚合而成的，是地水火風成就的，呼吸屬於風，熱度屬於火，津液屬於水，皮肉筋骨屬於地，地水火風，這叫四大。大哪裏都有，所謂「大者無二」，地大是堅硬性的，風是流動性的，水是流動性的、濕潤性的，火是暖性的，空中都有，地下也有風，也有火，也有水，也有空氣，火裏也有，水裏也有，這叫四大遍一切處，這叫大，是四種元素而成就的這個色身。

在五蘊中的就叫色蘊，也就是我們的色身。色身，是一切有情的正報。在座各位，一人一個模樣，沒有相同的。相同的，是我們都是一個色身，都是一個生命。這是我們的一個正報，有眼、耳、鼻、舌、身、意，有五根所感應而生的一切異熟果。就是由少而壯，壯而老，老而死亡，這叫異熟果。我們會有色身根本的承受，有這色身纔承受着各種苦樂，沒有這色身誰接受這苦樂呢？所以身為苦本說的就是色身。老子說過：「吾有大患，惟吾有身，若吾無患，則無有身。」這身是一個苦本，所謂眾苦之本。有身體了，受點風寒，就頭痛腦熱了；受點天災人禍，就心裏難過了，都是有色身的緣故，這是一個大患。要沒有這個色身，就沒有這些患、沒有這些苦痛了。這個身就是能受報的本體，有了色身纔有各種患難，所以這個身是苦、是結、是蓋、是纏，是不值得我們為了保護而去傷害其他眾生生命的。這個色身怎樣保護它，也不能長久，它會死亡、會壞爛的。

所以這個是甚麼？是我們一期的果報，由無始以來就種下這個因了。這個因，你活多大歲數都差不多的，如果你做好事多，可以改變一點壽元，但是也不能說永遠活着，就是能長壽一點。你折磨這個色身太多了，糟蹋的太多了，它的壽命會短一些，但都是苦果。所以人說「不如意事常八九，可對人言無二三。」

雖為身命，那甚麼叫命呢？命有暖氣，如果一個人沒有暖氣了，他就死亡了，你看死人都是冰冷的。命還有識，它能夠認識、分別。有暖氣有識這兩種元素就叫命。沒有這兩種東西，人就沒有了，命也就沒有了，有命纔有暖、有識。命就是壽，我們的壽元由過去的業力而生，在一個生命時段，維持着暖與識。命也就是色，也就是心，是相續的假名。

我們自無始以來，因為有業因，就感得現在色身的果，這個色身果，一個暖氣兒，一個色身二種法。色就是我們的身體多高，心是我們的思想，這是一個相續的假名，沒有實在體可以接觸的。你找一找，心在甚麼地方？那個肉團心，衹是一個機器而已，它是血的五臟六腑之一，缺一樣都不行的。這個色心相續的假名，它本身沒有實體可以接觸。命如同風中的燈，是非常危險的，隨時可以滅。我們的色身非常微弱，所以佛說人命在呼吸之間，一口氣出去，沒有進來的氣，這人怎麼啦？就完了。人命隨時可以滅，就像燈在風中，會隨之而終。冥冥之中，因為業力的牽引，隨業而受身，你受的王家、張家，去投生了，那是前世你與張家、王家有緣，所以投生到那人家去。如果有惡緣，比如來討債的，上王家、李家去了，生成一個白癡的兒子，那家人一生一世都要為你操心費力，用很多的金錢、精力來打理你。所以，人生夫妻是緣，有惡緣、有善緣，無緣不聚；兒女子孫是債，有討債、有還債，無債不來，人生就是這樣。

講到命，說「雖為身命，乃至蟻子，悉不應殺。」這就是第一段殺戒的定義。凡是受了優婆塞、優婆夷，也就是受了菩薩戒的人，即使為了保護自己的生命，其他生命乃至蟻子，悉不應殺。命是非常重要的，命是暖與識，這是生物的元素，一切眾生都是離不開的，一切眾生都有生命，也都愛惜自己的生命。人有人的生命，動物有動物的生命，既然都愛護自己的生命，我們就不應該殺一切眾生的生命。「雖」的意思就是縱使。人為保持生命，都是想殺身害命，都是講究營養，要吃甚麼好的，甚麼山珍海味，這是為保持自己的生命，殺了一些眾生。

學佛的人以慈悲為主，把其它動物殺了，保養自己的身，於心何忍？況且，經裏指出，殺生害命也不順孝道，因為一切眾生都是我們過去的父母或者兄弟姊妹，不要看輕了，說一切眾生與我無關，這樣想就錯了。這眾生也許是我們過去的父母、兄弟、姊妹，你要把眾生殘殺了，就是殺了過去的父母、兄弟、姊妹，這很不人道。「乃至」的意思，就是包括很多的眾生，從最小的蟻子到最大的牛、羊，甚至於人，都包括在內。

悉不應殺，即完全不需要殺。你要斷他生命，在因果方面要受到報應。今生或者來生，因為殺生的關係，自己短命、多病，想長壽、身體健康，要素食，要戒殺．放生，多放生，速解它的生命，我們也得到健康長壽的果報。不殺生那個功德，比如說救人一命，勝造七級浮屠，救一切眾生的命，也是勝造七級的浮屠。眾生命，是一切眾生命，和人的命是一樣的。

講到命，昨天講了第四條，還有第五、第六條。第五條，命怎麼解法？就是藉著我的示現，命與我互相依存，有我就有命，如果沒有我了，人都不在了，命何存？命也就沒有了。這是相關的，就叫識與命。

第六條，有命為煩惱的根源。昨天說「吾有大患，為吾有身。」這個色身，是一個毒瘤，是痛苦的根源，也生了一個邪見的結果。一切有情的眾生，為了爭命，打得你死我活，為了爭求長壽而煩惱不已。誰都想長壽，但世界上長壽的人也不太多，是有限度的。要想長壽，唯一的方法就是多放生，贖些生命，我們就得到長壽了。

講到蟻子，說「乃至蟻子」，為甚麼提到蟻子？因為在人類的感官上認為蟻子很小，我們看不起它。那麼，殺了一個螞蟻，算甚麼呢？無動於衷，甚至有人以殺螞蟻為樂，好多人拿滾水去燙螞蟻，好像很自然、是應該的。其實，它的身體很小，命也很小，可是它餓了想着吃東西，你要去捉它，它要逃跑，它的感受跟人沒有甚麼區別。在佛法來說，眾生生命都是平等的，無論大小的眾生都一樣，將來都能成佛。蟻子的本性跟我們人並沒有區別，跟佛也沒有區別，它的心也是清淨的，螞蟻的命也就是人的生命。所以，我們應該愛惜自己的生命，也應該愛惜螞蟻的生命，包括一切眾生，都應該愛惜。把它殺掉了，就是剝奪它的生命權利，這是不應該的。

受戒的菩薩們，就是成為優婆塞、優婆夷之後，即使犧牲自己的生命，也不可以殺生。不要因為它身體很小，就把它殺害了。其實一個很小的生命，它的生命也是很重的，應該愛惜它、愛護它。可是有人說，螞蟻養的太多了，世界都是它的了，那對人的生命、財產有害。這又該怎麼樣對答？怕家裏生很多的螞蟻，應該預先防範，不要等到它生的不可收拾的時候，再去收拾它，那就殺了很多的生命。在沒有螞蟻之前，第一應該保持清潔，合乎衞生。發現有了螞蟻之後，用一張紙，放點蜜糖，吸引它們過來，然後把它送出去，送到草窠裏，送到人到不了的地方，讓它逍遙自在去。同情它，安頓好它，並不會耽誤我們很多時間。持戒與不持戒，就在你的一念心，你用心對待它，重視它，就是花點時間也要這樣做，你的功德也就具足了。

戒經裏，用最小的生命彰顯著最大的生命，小的都不可以殺，那還能殺人嗎？殺人更不可以。要是殺人就犯了一個重戒，因為有罪就有報應，所以這種殺人的罪，是懺悔不了的。對待胎卵濕化這一切的眾生，一切的小動物，是無心而殺害者，就不犯戒。在無意中，踩死的螞蟻、一些蟲類，這個不犯戒。如果有犯戒，要求懺悔。祖師說了很多懺法，很多經典都是給我們求懺悔的，念經能消罪，禮懺能消罪，但最重要的是甚麼？是沒有殺心。有殺心的話，無論大小生命都是一樣的重罪，就等於犯戒。

這包含自己不殺生，讓家裏的工人去殺，把螞蟻消滅，怎麼消滅都好了，把它去掉、殺掉，這叫口教授。我用口來，你去殺。自己不殺叫別人殺，這個也犯戒，等於自己殺。口造業的地方太多，我們身去殺生，要有處所、要有時間，這些殺生、偷盜、邪行的事情，還不容易做，唯有口業最容易犯，上嘴唇下嘴唇一張一閉就是造業的因緣，就可以犯很多的口過。說妄言、說大話、說兩舌……出惡語傷人、說綺語挖苦人，不用口寫文章也是一樣，等於你心裏的話說出來，這都屬於教意業。或者是不說，去寫字，那也是一樣叫人殺生。

業都是由身、口、意而來的，意業是頭頭，支配你去殺生，造身業；口說話，說惡語、說綺語、說大話，口的過很多。學佛的人，不但不去叫人家殺生，而且要守口的過患，守口如瓶。不要隨便說話，不要隨便咒人家，對人家不利的話語，不要去說。要多說讚嘆語，這樣自己有功德，人家也歡喜。要是說不利於他人的話語、對人家有害的話語，自己嘴有過患，對人家也沒有甚麼利益。學佛的人要守口如瓶，不隨便去叫人家做這做那，去做殺生害命的事情，更不可以犯罪。下面有四種過罪，都是罪業很深的。

殺生第一個，自己去殺，當然是犯戒，不容許的。所謂殺者，就是把他的命給斷了，不能繼續生存了。

這個殺，就是身自殺，我自己親自操刀去殺，把他的命斷了，這是自己的意願，又自己動手，斷絕一切眾生的命根，令他不能繼續生存。

第三，殺生是十惡業之一，也是殺、盜、淫、妄、酒五戒之一。凡是故意殺害一切眾生的生命均有罪。《大智度論》說：實是眾生，知道所殺的眾生是有生命的，不是死的，知道這個眾生發心於他，要奪取生命，那就犯身業，有作色名為殺罪，有作色就是有形象的，你要殺生當然有出血，令他有形色，這都屬於殺罪。

第四，一切眾生最愛惜的都是生命，都要保護自己的生命。為保護生命無所不用其極，吃好的、住好的，都是為自己生命的延續，都想長命百歲，這是一切眾生共同的願望。哪個眾生願意早死？沒有的。世界上凡是有命的，都希望長生不老。你故意把他殺死，這是一種最悲慘的行為。你要是遇到一個屠夫，一天到晚殺生害命，這個人，大家都不願意見到他，他身上有一種殺氣，人人都不願意見到他。所以殺生害命，是最不吉祥的。

第五，佛教講慈悲，佛陀的教義就是令一切眾生都得到快樂，不想讓他受苦。慈能與樂、悲能拔苦，這是佛教最大的教義。我們佛弟子應該跟佛學，給眾生快樂，不要給他痛苦，你要斷絕它的生命，這不是令他受最大的苦嗎？所以，凡是有形的眾生，都應該愛護他，盡量滿眾生的願。不能滿願，也不能讓他受苦，這是學佛的一個根本來的。

殺生有甚麼壞處？羅漢有四果羅漢，初果、二果、三果、四果，這是破見思惑的果位。殺生的人，就是犯戒的優婆塞、優婆夷，不能得暖法的位。所謂暖法位，就是證得須陀洹果的初果羅漢位之前的位，就像以前鑽木取火，專家說最初要暖，暖到極點的時候能出火。如果暖的氣氛都沒有，將來怎麼能證聖果呢？怎麼能出火呢？殺生者暖法位都得不到。犯戒的人，不能證得須陀洹果、斯陀含果、阿那含果、阿羅漢果，就是不能證得四果羅漢。

在四果羅漢之前，有四加行位，第一個就是暖法，第二個是頂法，第三個是忍法，第四個是世第一法。以下分別來解釋。

暖法，是初學佛的人用功修行的結果，就是有點進步了，清淨了，初生出來相似的智慧的善根，在法上得到一種清淨的感覺，有點清淨的意思。他的善根就叫作暖法。暖，温暖了。如鑽木取火，前面說了，鑽木開始的時候根本是冰冷的，越鑽越熱，熱就是暖，發出熱來了。尚未達到生出火燄的那個階段，就是生出火燄之前的一個階段。四加行的第二個位是頂法，好比木頭已經鑽的發熱了，發熱到極點，這時候就叫頂法，再進一步就生出火來了。頂法，是由暖法而上升的善根，到頂了，猶如山頂一樣。用功修習至頂點，而頂點可進可退，不用力就弱了，火就漸漸冷卻了，再努力的話，就到忍法了。忍法是就要出火之前，一步一步增勝的現象。

忍法是修功到了最高的位置，已經到了不退轉心，這個時候就不能墮落了。到忍法之後努力再精進，這個位的人就可以安忍不動，到世第一了。世第一，這是針對一個有漏法的器世界而說的。因為我們沒有到最高，沒有證果，還是世間的眾生，雖然在修行的路上走到最高那一步，但它這裏還是有漏法的。在有漏法中的道行，是無有能超過這個境界的了，它在世間法中最高的位置，所以稱為「世第一」，是由忍法而精進達到的境界。由忍法的精進而增上，由世第一再精進，就入了見道位。甚麼叫見道位？就是看見道了，知道怎麼修持了，就有精進，這是由無始以來發真無漏的智慧去觀照，得到這種境界，是把他宿世的善根發揮到最高潮的時間。所以這又由能斷一切見惑的位置，到了須陀洹果，得到更高的果位。到果位之後，墮落的因緣不多了，進而到了阿羅漢果，再發大心，回小向大，那之後成為菩薩，修六度萬行而最後成佛。這是修行進步的一個次第。

受了戒的優婆塞、優婆夷，要是口教授或者身自殺一個眾生的生命，那連起碼的暖法位都得不到了，一點温暖的氣氛都沒有了，何況再進一步，再往上升的，那就更不可能了，當然得不到更高的果位，所以殺生的禍害是很大的。須陀洹就是初果阿羅漢，按我們中國話叫入流，也叫逆流、智流。所謂入流，就是入了聖人之流，由這個再有七番生死之後，可以再進一步到二果、三果、四果去，把生死煩惱斷盡，所以它叫入流。逆流就是逆生死之流。我們在六道輪迴之中，這叫順流，順流生死，做善業就是人天果報，做惡業就是地獄、畜生、餓鬼。而逆生死流，就不順着生死了，就超出生死，所以它叫逆流。智流，是因為已經離開三界以上了，超出了三界的邊緣，所以叫智流，也叫預流，「預」就是準備流出三界以外去。這幾個名詞，以入流、逆流為最準確。

斯陀含，斯陀含譯作「一來」，意指還要來到這個世界受一番生死。前面須陀洹是要有七返，就是來這世界七番生死後，纔能夠再進一步。到了二果羅漢，要受一番生死。行者雖然斷了欲界九品思惑之中的前六品，尚餘後三品沒有斷。九地的思惑，三界之中的欲界有一地，三界有四地，五色界有四地，而每一地各有九品，三界為九地，共有八十一品。此處所指的九品思惑是專指現相欲地而說的。斯陀含已經把在欲界的九品思惑斷了六品，還有三品沒斷，所以要來這個世界一次，把三品都斷盡之後，就入了須陀洹果，就入到三果了。

阿那含，翻譯中國話叫「不還」，就是不來這個世界了，也叫「不來」，他已經把欲界的思惑後三品殘餘都斷盡了，所以不再來這個世界受苦了。除了發願，乘着願力而來的，因已不受慾界各種煩惱的纏繞，所以他就不來了。他將來的生住，是到色界或者無色界天。阿那含在四果之中，屬於三果。

阿羅漢，大家都知道，佛堂裏都有十八羅漢，還有十六尊者，還有五百羅漢，等等。阿羅漢翻譯為中國話，含有三種義，第一就是殺賊，把煩惱賊殺死了，他不來三界了，就是不來我們這個世間了，那福報大了。

第二個是應供。佛在世的時候，有一個無貧尊者，他在無佛世的時候，在因地修行的時候供養一個辟支迦羅，辟支迦羅比阿羅漢高一點，他就出在無佛世，叫辟支佛，也叫辟支迦羅。他供養他一碗稗子飯，稗子就是米裏面生的那種草籽，可以吃的，但不是頂好的米，不是頂好吃的。但在荒年的時候，祇有那麼一碗飯，他捨不得吃，去供養了一個辟支佛。因為供養佛的關係，打那以後，他生生世世手裏自然出錢，就是手裏掉出錢來，他叫無貧尊者，生生世世不受貧苦。供養辟支佛的功德。經過多少生多少世，到了佛在世，他的果報仍然存在，所以叫應供，受人天的供養，那是非常難得的。

第三個意義是不生，就是他已經斷了見思惑，上升至非非想處的境界。他的位置很高，不來世間受苦，見思二惑都斷了，所以就不生，也就是不來世界上受生死了。他也叫無生，因為他三界以內的觀惑都斷盡了，所以纔叫無生。

所謂阿羅漢就是四果之中的最高果位，破了見思二惑的人。南傳佛教中，阿羅漢的果位是最高。我們中國大乘佛教裏有菩薩，修六度萬行的，阿羅漢比起菩薩，好像低一點。實際上，阿羅漢裏也有很多菩薩，他是以破煩惱為主的。菩薩是行因的，他不斷煩惱，在世間度化眾生，是帶果行因。阿羅漢，他把這個世界上一切的煩惱都斷盡了，所以就不來這個世界受生死了，這叫阿羅漢。

破戒的居士，我們現在講的是在家菩薩戒，祇提到在家菩薩戒。如果出家人破戒，也是如此，也是有過患的。破戒的優婆塞、優婆夷有五種過失，一是是自害，自己害了自己；二是為智者所呵斥：你是破戒的人，不能守清淨戒；三是惡名流布；四是終生後悔；五是死後墮惡趣，永遠受苦。我昨天說了，破戒的人墮到地獄去，這個戒當然是有深淺的，破根本戒的，就以出家人來說，破了一罪，就是四分擺，如果破了這個戒，墮到甚麼地方去？墮到炎熱無間地獄。受苦有多長時間？有九十二萬一千六百萬年，這麼長時間在地獄裏受苦。破了僧殘罪，就是師殘、僧殘這個戒的話，墮到大叫無間地獄。他受苦的時間有二十三萬零四百萬年。如果換了最小的、最淺的吉羅，到了等活地獄，等活地獄也是無間地獄，有九百萬年在那裏受苦。

我想，比丘跟在家優婆塞、優婆夷的戒法有很多相同的。總之，你沒有受那麼多的苦處，就不能夠把罪業消除，這都是經典裏說的。

受戒之後，又有五種衰耗，這五種衰，一是求財所願不遂，你求財不能得財；二是設有所得當日消耗，假使你得到財，當天就沒有了，消耗殆盡了；三是所到處眾所不敬，你走在哪裏，哪裏不恭敬你、討厭你；四是惡名、惡聲流聞天下，就是不好的名聲在天下流傳，所謂好事不出門，惡事傳千里，就是這個意思；五是命終當入地獄，人死亡之後還要到地獄去受苦。五種衰耗，這是破戒的人受的果報。

每個人都是有很多善神保護的，不然的話，天災橫禍就會常年遇到。而破戒的人，天龍鬼神對你生討厭的心，他不恭敬你；善神不守護你，不護持你。當然更得不到菩薩、佛的接引了。不過，佛不會討厭破戒的人，佛菩薩慈悲，越不好的人，佛菩薩越是慈悲。佛與一般眾生不同，求菩薩還是有感應的。如果破了戒，對佛菩薩求懺悔，佛菩薩還是原諒你的。

一個破了戒的優婆塞、優婆夷，可以說是被人、神、菩薩、佛共同討厭，但是也不要怕，不要說受戒這麼恐怖，那還得了，那就不受戒了。不受戒你一樣犯戒，殺生、偷盜、做種種壞事，不是沒有罪，仍然是有罪的。可是，我們受戒後守持戒就有功德，即使破了戒也沒有關係，我們還能求懺悔。佛菩薩留下很多方法，令我們可以增進，可以消罪，所以還是要去受戒，不要害怕。

持戒能夠成佛做祖，犯戒會有惡名流傳，這是人之常情。社會也是這樣，一個社會名望很高、地位很高的人，常常做很多善事，濟老憐貧的，會得到很好的名聲。一個慳貪、怎樣壞就怎樣做的人，大家討厭他，不會尊敬他，是不是都是一樣的？犯戒有犯戒的過患，持戒有持戒的好處，持戒能得清淨和快樂。

戒經文中，犯了戒的人，被叫作臭優婆塞、優婆夷，「臭」是晦氣、汙穢、不乾淨。犯戒的人，心生不善法，他所做的是不好的法，所以視他們為汙穢。這種汙穢如同死屍臭一樣，所以叫臭優婆塞、優婆夷。這種臭誰都不願意聞的，就是犯戒的人不香了，變成臭了。

旃陀羅優婆塞、優婆夷，旃陀羅翻譯作「殺者」，也就是屠夫，他指惡人，專門殺生的，非常不受人歡迎。我們北方鄉下，有人擔一個擔賣碗碟、筷子，他是用皮草來換的，人們拿在家裏殺的羊、牛、狗的皮去換，以物換物。這個人擔着擔子，他每到一個村莊，全村莊的狗都沸騰，都咬他，為甚麼呢？他還沒到村莊，狗就聞到那個味道了，所以他最討厭狗。因為跟他換東西是用狗皮、羊皮，所以畜生都討厭他。在印度有一種旃陀羅，專門殺生，他走到哪去都受歧視，人家看不起他，遠離他。

受了優婆塞、優婆夷戒的人，本來是有許多的善根，能夠受戒了，他不遵守戒法，就是將善根一一屠殺掉了，這與一般的屠夫是沒有兩樣的，所以叫屠夫。破了戒的優婆塞、優婆夷稱為旃陀羅，或者旃陀利，女的是旃陀利，男的是旃陀羅，都是不好的名稱。

垢優婆塞、優婆夷，「垢」就是汙垢。犯戒的人就不清淨了，不清淨屬於塵垢，他體內排出的黏液與空氣中的塵埃相結成了身垢，是這個意思。垢與煩惱相結合，因為你殺身害命，這不就煩惱，所以煩惱垢可以結成生死的苦果，有了煩惱垢的結，優婆塞、優婆夷更難出離苦海、更難得到解脫。

結優婆塞、優婆夷，「結」是繩結的結，就是繫縛的意思。破戒之後就與煩惱相結合，煩惱離不開他，是很堅固的。戒這個法義的初衷，本來是解除煩惱、不受煩惱的束縛，可是破了戒就受煩惱的束縛了，你解不開。不守戒反而破戒，那他就跟結離不開了，就與煩惱離不開了。

這是初重第一條殺戒。殺戒屬於不輕，就是重戒。在佛法來說，煩惱越多的人，他的業障就越重，簡稱為業重。原本就有很多的業，並且業很重的受過戒的優婆塞、優婆夷，如果破戒，那業更增重了，重複的加重，業越加的多，墮落就越深。所以，受了戒而破戒的優婆塞、優婆夷所受的惡報要比沒有受戒的人更重，道理在這個地方。不過，受戒後破了戒，將來受果報的苦之後，你的戒體還是有的，功德還是比不受戒的好。

盜戒第二

第二個，盜戒。

優婆塞、優婆夷戒，雖為身命不得偷盜乃至一錢。若破是戒，是人即失優婆塞、優婆夷戒。是人尚不能得暖法，況須陀洹至阿那含，是名破戒優婆塞、優婆夷，臭、旃陀羅、垢、結優婆塞、優婆夷。是名二重。

偷、盜、竊，這三種不好的行為，意義是相近的，就是趁人不覺或者沒有防備的時候，偷取他人的財物，這叫盜，或者偷，或者竊。佛法的術語是不與取，人家東西是他人有主物，人家沒有給你，你拿走了，就是盜。偷盜的人先發意而後起，由思惑而起行，將他人的財物據為己有。這就是說，首先你有個貪心動了，想着怎麼想辦法竊取回來，歸自己所有，這是前方便。心裏這一舉心、一動念，偷盜的因已經有了，但罪還沒成。一旦走到最後，真正把東西拿到手裏，達到目的了，那這個果就成熟了，偷盜的業就成熟了。我思想偷盜的念頭，但我沒有行為，就不能判我這罪，那個沒有罪；如果你已經盜到手裏，這個盜罪就成就了。

所謂多少錢為主？一分錢。戒經裏叫五錢。以前的五錢，跟現在的一分錢有甚麼區別？這個沒有考據。總之一分錢是最小的數目，最大的數目是不存在的，宇宙間甚麼數最大？沒有人知道，佛說無量，以恒河沙數、無量恒河沙數，來形容數目很多的意思。

錢是流通的貨幣，有一定的價值，可以用來購物，買所需的用品。所以眾生視錢很重，謂之「第二個生命」。偷盜他人的錢，就是損害他人的生命。如果一個人被你偷到了，他可能一時想不開就自殺了，為錢自殺的有很多，那事情就大了。哪怕你盜了一分錢，一點偷盜的心，傷了人命，這個罪是很大的。

戒法說的「一錢」，是指佛制戒那個時候印度的幣制。到唐代時，印度的一錢按照唐代的幣制換算就是十六錢。印度的五錢，即唐代的八十錢，八十錢在當時可以買一件長衫，也不算少數了。在當時，一錢購買力很高，所以偷盜一錢就犯了重戒。由此類推，偷盜財物越多，你的罪就越重。受戒的優婆塞、優婆夷，偷盜而破此戒，其所得的是很重很重的罪。盜取是最不光明的惡的行為，令人討厭。慾心不止，我們的貪慾心重，所以煩惱也不斷。

有的修道人最大的業障是破了佛制的盜戒，那些受過戒法的優婆塞、優婆夷犯此行為，破此戒，就會有臭的名譽，等同於一個屠夫，為結所縛，就是一個煩惱很多的人了。

大妄語戒第三。

優婆塞、優婆夷戒，雖為身命不得虛說，我得不淨觀至阿那含。若破是戒，是人即失優婆塞、優婆夷戒。是人尚不能得暖法，況須陀洹至阿那含。是名破戒優婆塞、優婆夷，臭、旃陀羅、垢、結優婆塞、優婆夷。是名三重。

大妄語，是以不淨心，甚麼叫不淨心？有染汙心，貪財、貪名聲、說謊話，企圖欺騙他人。比如，尚未坐禪坐到，或者念佛念到一心不亂，妄稱自己已經得到一心不亂，說自己很了不起；沒有明心見性，說已經明心見性了；或者自稱證得聖果，有甚麼神通道力……這些都屬於大妄語所攝，將來要墮無間地獄的。

除大妄語之外，說一切不實的言語，都稱為打小妄語。這個小妄語也叫方便語，比如人家問你「吃飯了沒有？」這是一種應酬話，你沒有吃，卻隨便說「吃了吃了」，這種敷衍語，也屬於方便語，對他無損，對自己也沒有甚麼事，是一種謙虛語。或者人家賣東西，想賺點利潤，十塊錢成本，說成「我的成本都十二塊，現在照成本給你。」其實他已經賺了兩塊錢。這種都是為了討生活，是一種方便語，賺一點，你願意買就買了，對人沒有甚麼損傷。

如果你隨便說話，因為一句閒話令人家夫妻不和、家庭不和，那可以說是個大妄語了。還有國與國之間，說客就靠一把嘴，不必打仗的，弄成打仗，搞得生靈塗炭，那都屬於大妄語所攝。無損害的、無傷大雅的話，都屬於方便語。但是學佛的人一定要保持自己的誠實，說話要誠實，行為要真實，不能欺騙他人，不能隨便說妄語。如果你常常打妄語，那你講真話，人家都會打折扣，會認為你這個人說話靠不住，這對你的品德有損。

妄語，《大智度論》裏說有十種過患：

第一，口氣臭，令人很難聞。

第二，善神遠離。你不真實，淨講大話，非人得便，就是不好的人跟你相近。因為你常常打妄語，說不真實的話，那些虛虛假假的人都來向你靠近了。

第三，雖講有實話，別人也再難以相信。打慣妄語的人，人家說你說話都要打折扣，所以你說了真實話，人家對你也有點疑問，信不過你。

第四，智人謀議，常不願參預。大家商量事情，對你這個常常打妄語的人，說話不真實的人，人家也不想讓你參與。

第五，被誹謗。你自己常常說謊話，說的很多了，大家也會謗誹你的。

醜惡之聲，周聞天下。都是不好的名聲，到處都能聽到。

第六，人所不敬。大家對你沒有恭敬心，雖有善言教敕，人不承用，你說的好的話，人家也不贊成，也不願意聽。

第七，常多憂愁。你說話得不到人的支持，得不到人的信任，心裏很煩惱、很憂愁。

第八，種毀謗業因緣。你說話不真實，人家聽到你的話都給你打了折扣。常被誹謗，常不被人接受，你想做一個好人很難很難。

（註：《大智度論》裏說有十種過患，法師衹讲了八種，其餘兩種為：九、身坏命终当堕地狱；十、若出为人，常被诽谤。）

受菩薩戒的人就得不淨觀至阿那含，「至」就是超了事實了。

就是修行的時候，認為「我已經得到不淨觀了」，實際沒有得到。所謂不淨觀，是對治貪慾心重的人、色慾放不下的人。修不淨觀，對治你的貪慾心，把貪慾心壓伏住。修不淨觀的人能夠厭離這皮囊，厭離色慾。沒有得到不淨觀，你說你得到了，這是不應該的，這是可大可小的事情。

修不淨觀，是幻想人死了之後身體膨脹，破了之後，膿血、臭穢都流出來，之後，這些東西沒有了，祇剩白骨。那你還能對這個人生起愛慾心嗎？怎麼樣也不可能了，這就對治你的貪欲。但是，沒有得到，你說你得到了，那是欺騙人的話，變成大妄語了。修行的人沒得到，就不應該說得到，即使你真能修到那個境界，也不要向人家說，你一說，好的境界就沒有了。

修行的境地，諸佛知道之外，一般人不容易知道對方修行的境界。自己炫耀「我已經得到甚麼果位，或者證得甚麼樣的神的境界。」可是你自己真的得不得到？你自己知道。為了炫耀自己，說「我已經得到不淨觀了，修成了，我已經得到阿羅漢果了，證得三果羅漢了」等等的，這都是偽詞，是欺騙人的話。佛制此戒，若有違犯而破戒者，將來會得很多惡果，很多不好的名聲。

邪淫戒第四

邪淫戒第四。

優婆塞、優婆夷戒，雖為身命不得邪淫。若破是戒，是人即失優婆塞、優婆夷戒。是人尚不能得暖法，況須陀洹至阿那含。是名破戒優婆塞、優婆夷，臭、旃陀羅、垢、結優婆塞、優婆夷。是名四重。

第四是邪淫戒，這一點，與出家的戒有點分別，在家有夫妻，這屬於正淫，夫妻之外，屬於邪淫。出家的十重四十八輕戒是正淫、邪淫都要斷，不可以有這種行為。

雖為身命，在家居士，除了夫妻之外，不得有第三者，如果有，那屬於邪淫。如果在受戒之後，還是勾三搭四的話，就破戒了，是人即失優婆塞、優婆夷，那你就失去這個資格了。所以尚不得暖法，何況須陀洹初果，至阿那含，是名破戒優婆塞、優婆夷，就有不好的名聲，還有煩惱的名聲。

淫有正淫、有邪淫這兩種，正淫就是合法夫妻行淫，就沒有事。受菩薩戒的弟子仍可以行，但是如果受八關齋戒就不行了。八關齋戒，是所謂在家的人受出家的戒。受此戒那一天一夜要全斷淫慾了。夫婦之外有男女關係，或者是被強迫求邪淫，遇到這種情況，即使犧牲性命，也不得與他人行欲事。受戒優婆塞、優婆夷，既不得邪淫，更不得有強迫第三者的行為，否則就屬於犯戒了。如果有這種行為，就失去了家庭的溫暖，失去了家庭的和睦，很多很多的煩惱都來了，所以要盡量保持做人的本分。

所謂萬惡淫為首，淫慾為煩惱的根本。家庭裏、夫妻之間也不能亂來，也要守禮法。如果無時無刻、隨時隨地亂來的話，個人疾病叢生，很多不名譽的事情也可能叢生，所以佛制此戒。凡是受菩薩戒的佛弟子犯了此戒，其受的惡果與第一個重戒是相同的。

說四衆過戒第五

說四眾過戒第五。

優婆塞、優婆夷戒，雖為身命不得宣說比丘、比丘尼、優婆塞、優婆夷所有罪過。若破是戒，是人即失優婆塞、優婆夷戒。是人尚不能得暖法，況須陀洹至阿那含。是名破戒優婆塞、優婆夷，臭、旃陀羅、垢、結優婆塞、優婆夷。是名五重。

說，就是宣說、宣傳、宣告、宣揚，也指道說，或者傳說，是以語言或者文字、畫圖等方式向外傳播的意思。人的身、口、意三業中，口業最容易犯，有兩舌、惡口、妄言、綺語等。口裏常常說出來對人不利的話，對人有誹謗性的話，這就叫口業。人說「口患之門，或累至死。」又謂「病從口入，禍從口出。」我們一出言就容易批評人，就容易破戒。受菩薩戒的人最重要的，是口不要隨便說話，應說好話，不說批評人的話。人做壞事他不會讓你看見，我們多是道聽途說，聽到一點消息，添油加醋，把小小的事說得很大，令人名譽受損失、感情受損傷，這都是口過之累。學菩薩戒的人最重要是守口如瓶，不隨便說人家壞話，因為這是有傷自己德行的。

儒家講「君子謹言慎行」，「謹言」是不隨便說話，「慎行」是行為端正，不亂來。我們要處處這樣關照，尤其是修學佛法的人，口過是最容易犯的，要嚴謹地禁止，不去隨便傷人。說話最重要的是不謗誹人，尤其對待比丘、比丘尼、優婆塞、優婆夷，你說他們的罪過比說一般人罪過更深，因為比丘、比丘尼是出家傳承佛法的人，他有代表性，如果你謗誹了他，令他名譽掃地，說法沒人相信，辦事情沒人支持，那麼他傳佛法的領導地位就沒有了，這是非常不利的。

所以，切記不要說比丘、比丘尼的罪過，加上優婆塞、優婆夷，他們是修菩薩道的人，我們不能說他們的罪過，這非常重要。

罪者，指於佛法之中犯了戒、於世間法中犯了法而說的，這種過很深。所有有心的、無心的、有形的、無形的，一切過錯我們都要禁止。所謂有心，指想着編一個故事謗誹某人，令他名譽不好；無心，指不是用心去說人的罪過，但這也不好；有形，指有形象的，可以看得見的；看不見的，就是無形，這一切罪過學佛的人都不可以做。

四眾弟子，比丘、比丘尼、優婆塞、優婆夷，都接受比丘、比丘尼、優婆塞、優婆夷的戒法。雖然受了戒，但他仍然是凡夫，並不是聖人，所以他的言行均有犯罪過的可能。世界上，唯有佛纔能夠把一切罪過免除，世間人哪有不犯過的，哪有不殺生害命的？我們走路的時候常常踩到很多蟲蟻，飲水水裏有蟲、吃米米裏有蟲，這一切罪過是在所難免的了。要想沒有任何罪過，祇有證得聖果，跟佛一樣，罪過纔能免除。既然不能免除，那我們就要常常謹慎、時時小心，不然天天在犯戒。

佛陀不殺生，為甚麼？他走路離地三寸，腳不沾地就踩不到蟲蟻，他不會殺生害命，他的慈悲心能夠圓攝一切眾生。一切眾生見到他的光輝，或者接近佛陀這種慈悲德行都能得解脫，佛的功德力是最高最大的。

比丘、比丘尼含義怎麼理解呢？記住三種義：第一怖魔，一個人出家之後受到具足戒，魔宮震動，令魔王恐怖，所以叫怖魔。這是因地，到了果位的時候就叫殺賊，殺煩惱賊，這是比丘第一個意思。第二乞士，就是上求佛法、下化眾生，所以叫乞士。佛在世的時候都是乞食，沒有人自己煮食，現在泰國、緬甸也都這樣。為甚麼到了中國就沒有「乞食」這一法？因為最初的時候，都是皇帝請高僧來到中國的，比如東漢時代，攝摩騰、竺法蘭來到中國，這兩位高僧是皇宮裏供養，就不必外出乞食。而且大家也不認識他們，也不懂得供養他們飲食。自那以後，佛法興起，皇帝賜給寺廟糧食、田地，找農民耕種，然後交租給寺廟，供着寺廟的出家人，這樣「乞食」一法在中國就失去了。這是比丘第二個意思。第三破惡法，因為比丘、比丘尼修戒定慧，破除貪嗔癡這一切惡法，所以叫破惡法。比丘、比丘尼有以上三種意義，若宣說他們的罪過，就是破壞三寶中的僧寶。僧人是傳承佛法的人，如果沒有僧人傳承，佛法就滅了。因為佛不能自說，佛已經滅度了，法自己不能宣揚，完全靠僧的傳承。你破壞某一個僧人的名譽，那就等於破壞三寶中的僧寶。所以，說比丘、比丘尼的罪過，所說者的罪過是很深的，是犯重戒。

對於佛法，優婆塞、優婆夷是外護，僧人是內護，我們要持戒修行、研討經典、保持佛法流傳下去。沒有外護是不行的，資源不具，僧人不能生存。護法居士是佛法的護持者，如果宣說出家人的罪過，會使人退轉護法的心。「某某法師不好，我不要去護法了。」退轉他的心，使大眾都退心，那佛法就滅了，沒有僧人傳承了。僧人沒有護法不能生活，要是說他的罪過，以致沒人供養他了，他怎麼生存？不能生存，他也許離開本地，也許還俗，這樣佛法就破滅了，這就等於破壞佛、法、僧，三寶都破壞了。比丘、比丘尼、優婆塞、優婆夷，形同大廈的四柱，我們講堂就是，有這麼多柱子來支持，不然就倒了。要是四柱缺一，整個大廈就會倒塌。也就是你把僧人謗毀，令他退道心，或者沒人供養他了，那麼佛法也就滅絕了，這是破佛法最重的罪過。

我們看見這四眾弟子有過患，說就犯戒，不說心裏又不舒服，怎麼辦？既然看到了，應該在密室勸告之。就是在背人的地方，沒有第三個人時，勸告某某法師、某某居士，表示看到他有某種過患，認為應該改正。可以勸勉他三次，要跪下頂禮，叩頭、合掌，對他講：「我看到的這種事情，這不如法，不好，祈使能改正。」第一次勸勉不聽，第二次再勸勉，第三次還去勸勉仍然不聽，就默然而退。不可以說給第三個人，最多不供養他，不理睬他。看到罪過，不可以向第三個、第四個人說「某某人犯戒，某某人不好」，這叫宣誓蠱惑，對比丘、比丘尼、優婆塞、優婆夷這種態度，是不可以的。他不聽，你不可以再向別人宣說，宣說就是謗僧。你看到他的過患而宣說，這叫有根謗；如果沒看見，是聽人家說的，那叫無根謗，這兩種罪過同等，都要下無間地獄的。

蓮池大師說：「不見僧過，白衣之良劑。」看不見僧過，你的信心不會退，你的道業還增長。如果見到僧過，自己退道心，你可能連佛法都不相信了，那把你的善根就耽誤了。所以不見僧過，是白衣的良劑，這是一個很好的方法。在家二眾不得宣說出家二眾的罪過，這是守持菩薩戒，如果宣說那就犯戒了。

古來的聖人說學而知之，凡事都是學來的，最初不懂嘛。孔子也說：「三人行，必有我師焉。」三個人同行，有一個人的智慧一定會高，所以有師。意思是三人行的話，其中就有自己的師父，應該「擇其善者而從之，其不善者而改之。」意思是說，有人給我們檢舉，我們應該聽善言，改過自新，就善莫大焉了。

有人說，他說的對，我們應該遵從，應該改過自新，從其善，從其良言；不善的地方，我就不見，不去聽他的。佛弟子有罪過，我們看到了，應該拼命去勸他。如果不聽，也不遠離他，把他當善知識來親近。他總有好處，一個人不是一樣壞就樣樣都壞，我們擇其善而從之，就是見到他好的地方、可取的地方，那還是我們的善知識。如果他的習氣已久，或者環境不容許，就不要強逼著他改，但是不要說他的罪過。這一點，不管受戒、不受戒的居士，希望大家都謹言慎行，不隨便謗僧，這個罪過一樣也要受苦報的。

人長了眼睛，向外看，祇看他人的過患，很少檢點自己有沒有這種過患，我們要常常回觀一下自己有沒有這種罪過，拿他人做一個借鑑，不要祇看、祇宣說他人的罪過，看不到自己的，自己的罪過可能比人家更深。要看着他人，借鑑他人，不跟他學過，要學好，自然就改過自新了。

現在時空都拉近了，電話、電器、各種通訊設備很方便，所以交流頻繁，彼此說罪過，一個電話就哪裏都知道了。這足以破壞四眾的和合。如果有發生不如意事，宣說罪過，破壞了和合眾，也就破壞大眾四眾和合的戒。

佛制此戒，若犯了此戒，所得的惡果與第一重戒是相同的。就是戒經文說的，是人尚不能得暖法，況須陀洹至阿那含，是名破戒優婆塞、優婆夷。臭、旃陀羅、垢、結優婆塞、優婆夷。是名五重，這是第五個重罪。

酤酒戒第六

優婆塞、優婆夷戒，雖為身命不得酤酒。若破是戒，是人即失優婆塞、優婆夷戒。是人尚不能得暖法，況須陀洹至阿那含，是名破戒優婆塞、優婆夷，臭、旃陀羅、垢、結優婆塞、優婆夷。是名六重。

這是酤酒戒。雖為身命，受了菩薩戒的在家男、女居士，為護持戒，即便有人說：「你要不賣酒，我殺了你。」而你寧願被殺掉，也不做破戒的事情。這樣，你的戒體是非常清淨的。不得酤酒。酤酒也可以當買賣講，買酒、賣酒都屬於酤。飲酒之後，人就迷糊了，失去理智了，不應該做的事都做了，甚至殺人、放火，無所不為了。所以酤酒是一個很嚴重的罪過。

香港有個王小衞居士，對印光大師非常敬仰，印光大師住在靈巖山，他請大師到香港來住，在觀植園修了一個關房，這關房現在還保留着。老法師答應來，他在關房修好之後就去請老法師。老法師問他：「你做甚麼生意？」他說：「我是做酒的。」他是造酒商人。老法師一聽說他酤酒，是製酒的商人，就說：「對不起，我不去了。」他問為甚麼，老法師回答：「因為酒的過失很大，你做酒生意來供養我，我不接受的。」所以印光老法師就沒有去。老法師不久就往生了，往生之後燒出很多舍利，王小衞居士就把這舍利請來，供在關房裏，後來又送到了東林念佛堂。那時候，我就在藏經樓底下修了一個舍利塔，是仿着靈巖山的塔，比那個塔小，在藏經樓裏供養舍利，因緣就這樣來的。印光老法師說：你是賣酒的，我不能去，不能受你的供養。足見這個酒是很重要的，如果人吃的迷魂失性，就等於毒藥一樣。飲酒不但有損健康，過量或成癖的話，成了一種病態，能使人癲狂，失去他的人性。

受了戒的居士們，不能破此戒，我們不買酒，也不賣酒。《梵網經》說，不可以拿酒給人家。受戒的人，自己不飲，拿酒給別人飲，也不可以。給人家飲酒，罪過很重，會五百世無手，沒有手就不是人，畜生就沒有手啊！要是人的話，纔有手。

酒的過失在戒經裏說得很重，即使沒有受戒的人，也不要多飲。當然也有開緣的地方，比如人生病，需要飲酒纔能治病，或者是用酒做藥引，這樣是可以吃的，病好之後就不要吃了。有的藥酒——用藥材泡的酒，治療生瘡，或者風濕、骨痛，可以塗，塗在身上不犯戒。即使你吃，但是為了治病，有醫生開方，那就可以用。不然的話，就不要隨便為了增加健康、為了增加樂趣去飲，那就犯戒了。

受戒的人，要發一種至心持誦。所謂至心，是至誠之心的意思，就是持戒的心很真誠，到了極點。《無量壽經》說：「至心信樂，願生我國。」你要是生起信心來，願生到極樂世界去，很誠懇，佛就來接引你，一定滿你所願。所以至心念佛，就可以達成心願。至心持戒，求生極樂，將來一定往生極樂。

遵守這六種重戒，能夠持法無為，纔能至心至。以一種至誠的心持戒，不可以當兒戲，如果很隨便的話，隨時都會有犯戒的可能。對待這六種重戒，要至心去受持，不可以隨便的。

令不毀壞。受戒之後，盡可能令不毀壞，假使持的不周全，沒那麼嚴謹，要時時求懺悔，所謂勤求懺悔。如果常常犯了罪求懺悔，那就沒有過患了，我們的罪業就沒有了。如果不去求懺悔，自己再沒有慚愧心，是罪上加罪。

因果是相續的，有因就有果。你要破了戒，就有惡的果跟着；如果持戒清淨，自然有善果，將來證果還是可以預估的。

戒也叫瓔珞，這個瓔珞是裝飾自己的。戒德滿，也叫戒香滿，莊嚴我們的法身慧命。戒不是白持的，佛菩薩有滿身瓔珞，佛有萬德莊嚴，都由持戒而來，戒就是瓔珞，就是莊嚴，道果上所得的持戒功德嚴飾了果報之身。持戒清淨的人生來相貌圓滿，智慧也高，身上還有一種妙香，這是戒香，得五分法身之一，分身就有戒香。他身上自然出一種香味，尋無不遍，遍一切處。

不善法，違背佛理而損害現世以及未來世，持有不善法，他的行為如同忤逆罪、十惡等等的，都會損害他的莊嚴，如果持戒清淨，那善法自生，惡法不生，那些不好的、不善的法都被遮蔽了。我們持戒清淨，都有無上的妙寶之藏。有戒的功德，這個功德就叫無上，再沒有能夠超過這種持戒清淨的功德利益了，比修塔、修廟的功德還要高尚，沒有過於其上的了。

至心持戒的人，其善也是最高無上的，沒有人能超過，所以稱為無上。妙寶，「妙」是不可思議的意思，它有無比的功德，所謂戒香馥郁。持戒清淨的人，定力也增上，功德也增上，沒有人能夠超過他，他超過一切。持戒清淨的人身上出的微妙香氣，屬於無上寶之藏。

持戒清淨也叫大寂靜處，煩惱為寂，絕苦壞為靜，持戒清淨，一切煩惱不生，一切苦處遠離，所以叫大寂靜處。也叫甘露味，甘露蜜糖是諸天人不死之藥，吃者能夠長壽，命長能安身，力大體充沛，這是甘露味，持戒清淨的人得這種善法。還叫生善法地，所謂「戒為無上菩提本，長養一切諸善根。」一切善根都由戒而來，所以它叫生善法地。持戒清淨的，善法自然增長。還叫直法是心，「直」就是不彎曲，「心」就是至心。這種心，所謂發的無上菩提心，將來就成了無上菩提果，這是直法是心，就是持戒的心。持戒就有這麼多的功德利益，持戒還有無量的利益，不祇是少部分，也不是上述所說的以技術來衡量它。如果我們能夠持戒清淨，就有以上這麼多的好處。

以上是把六種重戒略略說了，以下就來解釋二十八種輕戒，這個戒沒有甚麼理論講，祇講事相，就是怎樣持誦？怎麼樣叫犯戒？就是這個理。

二十八種輕戒

不供養父母、師長戒第一

第一是不供養父母、師長戒。

善男子，如佛說言，若優婆塞、優婆夷受持戒已，不能供養父母師長，是優婆塞、優婆夷得失意罪，不起、墮落、不淨、有作。

這個地方解釋之後，下面都是一樣的。人身是由父母孕育、十月懷胎、三年茹苦而有的身體，父母的養育之恩，古人說是「昊天罔極」。師長是我們知識的來源，沒有師長的教導，我們甚麼都不懂。你有了錢，有了物資，自己去享受，不供養對我們恩澤最大的父母和給我們知識的師長，如果受戒以後不供養他們，那就得了失意罪，不起墮落不淨有作。要供養父母，這是天經地義的。

可是現在環境不容許，家小，祇有幾百尺的地方，兩夫妻再加一兩個孩子，已經佔滿了，父母住的地方就很成問題，所以很多老人，加上生病的時候，照顧起來非常困難。怎麼辦？就送到老人院去了。但是，做兒女的不能說有老人院照顧就不管了，我們也要去照顧他們，這是親人的安慰，是對老人的孝順。你拿一塊糖、一點小小的東西，老人也很開心。學佛的人，對父母一定要孝順，祇要環境容許的，一定要供養父母。

經裏說，一個人左肩荷父、右肩擔母，周遊世界多少圈，也不能報答父母恩德於萬一，足見父母的恩德是很深的，學佛的人一定要孝養父母。

釋迦佛成道之後，他的母親七日之內就往生了，生到忉利天。佛為報母親之恩，特意升到忉利天為母說法。說的是甚麼法？《地藏經》。這部《地藏經》是在忉利天說的，第一品就是《忉利天品》，就是為報母親的恩。佛的父親死後，佛親自托着棺材頭部，引導前行。佛成佛了，對父母都是孝順的，特意跑到天上為母說法，講地藏菩薩過去的因緣。地藏菩薩是一個最孝的女子，為救度母親，把所有值錢的東西都賣掉，莊嚴佛，將花供給覺華定自在王如來。她在佛前痛哭流涕，幾乎要死亡一樣，哀求佛菩薩告訴她母親的去處。佛在空中告訴她，回去念佛的名號，自然就會知道自己母親的去處。她回去念了一晝夜，自己就像夢中，來到一個海邊，見到無毒鬼王，問他母親生的去處。無毒鬼王告訴她，您的母親生天已經三天了，承孝順之女的感召，就生到天上去了。佛說這些故事，就說了一部《地藏經》，都是為報母親的恩而演化孝道，所以

《地藏經》也名《孝經》。佛為甚麼親自到忉利天為母說法？以佛的功德力量不能夠超生父母嗎？一定會超生的，佛這樣是為了給眾生做報母恩的榜樣。

供養父母、師長這是應該的，即便你甚麼都沒有，真的供養不起，但你有孝心，去問候他們、探望他們，他們也很開心。不這樣做，就犯失意罪。

大家都知道，西方三聖像中間那一位是阿彌陀佛，左邊是觀世音菩薩，右邊是大勢至菩薩。觀音菩薩是阿彌陀佛的徒弟，以阿彌陀佛為師父，所以他頂上有個阿彌陀佛像，這表示敬奉師長，時時頂於頭頂之上。大勢至菩薩頭上有一個寶瓶，瓶裏存放着父母的舍利，表示時時敬尊父母，永不離開。這二位菩薩的德行，正是受菩薩戒的優婆塞、優婆夷供養父母、師長最好的學習典範。你看這兩位菩薩，一位頭頂佛像，一位頭頂裝父母舍利的寶瓶，時時在供養。眾生不能忘記父母師長，否則犯失意罪。甚麼是失意罪？就是失去你的本意，本該孝順的，沒有盡到孝順之心，叫失意罪。

《俱舍論》說「集起為心，思量為意，了別為識。」心（心王）能集起各種精神作用，故稱為心；心能思惟量度，故稱為意；心能了知識別，故稱為識。心、意、識三者義雖有異而體是一如，體是一個不是兩個。以「識」能夠生依止為「意」，就是以分別的心，生出來意。心前滅後生，無間生後心，是名意。以上的說法，是解釋受戒的優婆塞、優婆夷要先發菩提心。接受菩薩戒法、得菩薩戒法支持，必能夠成菩薩。就是說，專門受菩薩戒、行持菩薩戒，你就是菩薩。心、意、識是一體，不是兩樣的，受戒優婆塞、優婆夷不供養父母師長的話，就失了菩提心，失了受戒利益為成菩薩的識，就得失意罪。因你想着受菩薩戒，就是想要成菩薩，但不能以菩薩之心行事，不能發菩提心，不能孝順父母、供養師長，你就失去了菩薩的意識，而煩惱心不但成不了菩薩，還會懷罪，所以說不供養父母、師長得失意罪。

「不起、墮落」的「不起」，是說你的道業是由淺而至深、由下而至上的。受了菩薩戒的人，不供養父母、師長的話，就連暖法都得不到，何況生起到須陀洹至阿那含？那更是妄想了，會得不起罪。

「墮落」是說受菩薩戒的人不能夠以菩薩戒行持的話，就下墮了。由上向下墜，叫墮。受菩薩戒的人能發菩提心了，並努力生戒，應該精進行持，要是不供養父母、師長，菩提心就失去了，將由此下墮，乃至墮到畜生、餓鬼、地獄這三惡道去。

「不淨」中的淨指清淨。受戒之後至心乃至一心持戒，可以達到清淨的境界，而不供養父母、師長那就破戒了，身心就不清淨了。身心不淨的凡夫連生天界都不行了，何況生到極樂世界去？那更不可能。

「有作」是甚麼意思？就是有了生死的界限。有了生死的因，那麼果上就有了三界生死的果了。三界有者，包括欲有，就是欲界的生死；三有，就是色界的生死；無色有，就是無色界的生死。「作」有作業、作意、作犯這三種意思。作意指心裏相應一切，就是心之起，是心裏的法。比如他心裏害怕，生起了「我做壞事了嗎？」這個念頭，心裏就很不安樂，這是所緣的境界引心為業。如果有不供養父母、師長的心意，有不供養父母、師長的行為，就叫惡作業、惡業行。善行是供養父母、孝順師長，若不這樣做，這個業就屬於惡業。不供養父母、師長的業行，是身、口、意三業具足。受戒的優婆塞、優婆夷連父母、師長都不供養，那麼其他的，如殺生、偷盜等惡事，一旦可以就常常要做了，如此犯了所受的戒，構成惡業。對自己最有恩德的人都不去孝敬，別的事情就更不要說了，殺人、放火都能做了，這叫作犯。

我們應該極力地供養父母、奉侍師長。如果不這樣做，就破佛制戒了。破此戒的人得失意罪和不起、墮落、不淨、有作等惡果，這是自然的。

耽樂飲酒戒第二

耽樂飲酒戒第二。「耽樂」就是歡喜，以飲酒當快樂。

若優婆塞、優婆夷受持戒已，耽樂飲酒，是優婆塞、優婆夷得失意罪，不起、墮落、不淨、有作。

飲酒，能生一切過失。以前有一個優婆塞，他是種田出身，因為耕作又飢又渴，跑到家裏看到有一瓶酒，他不知道是酒，當做熱水就飲了，這一飲下去就醉了，看見院裏有一隻雞很肥，就抓着殺掉做了湯。之後雞的女主人過來找雞，他說「沒有」，又把這個女人強姦了。人家告到官府，他不承認，但不承認不行，有事實有證據，他一定獲罪。這些事最初的起因就是飲酒，偷人的雞犯盜戒，殺掉犯殺戒，強姦犯邪淫，說謊犯妄語戒，殺盜淫妄都犯了。這就是飲酒的過失，如果不飲酒，人清醒就沒有這些過失了。

受戒的人，不能飲酒，即使沒受戒的居士，也不可以過量，過量飲酒對身體不好。希望盡量禁止。所謂人身難得，佛法難聞，何況受了戒，這更是難得。受了戒的人，不可以飲酒為喜樂，不可貪享這些快樂。我們這個人身，應該是勤修道業的，所以佛制此戒，就是因不犯戒人的身體健康、沒有病痛。如果常常飲酒過量，身體會百病叢生，故受戒的人應該戒酒。

不瞻病苦戒第三

若優婆塞、優婆夷受持戒已，惡心不能瞻視病苦，是優婆塞、優婆夷得失意罪，不起、墮落、不淨、有作。

不眈病苦戒第三，瞻視，就是探望、照料的意思。若優婆塞、優婆夷受戒已，惡心不能瞻視病苦，「惡心」指心裏非常不高興。看到病苦，他不開心，有不好的心生起來。不瞻視別人的病苦，甚至父母有病都不去看，這種心是非常不好的。受了菩薩戒的人，遇到父母生病要去看望，親戚、朋友有病更要去瞻視。即使不相識的人，如果有因緣的話，也應該去瞻視，去幫幫他，真有這需要。不這樣做就犯戒了，就得失意罪，得不起、墮落、不淨、有作果報。

「惡心」，一指聞到屍臭味，胃裏犯惡心，想要嘔吐；二指憎惡，即很討厭生病的人；三是厭惡。二沒有耐心，反感去看病人、死人，如中間霉爛臭爛的、骯髒的、病苦的病狀。這惡心就是不歡喜的心，是見了病苦的人不起慈悲心。我們見到有病苦的人應該起慈悲心，不可以起惡心。

不能瞻視病苦，病苦指有重病在身，無法自己處理生活。受了戒的優婆塞、優婆夷，看到身有重病的人，不能夠自己照顧自己，如果連一點慈悲心都沒有，並且生出一種惡心，不去瞻視，這樣就犯戒了。

瞻視病苦有五種德：一是應知病苦之人，甚麼可以吃，甚麼不能吃。如果不能吃的你給他吃了，反而害了他。比如這個人身體很弱，你給他硬飯吃，他就消化不了，就是對病人不當。

二是不嫌，病人的大小便。有病人不能照顧自己，最討厭大小便，或者嘔吐，或者出血，那我們多照顧他，不要厭煩他，這是一種德行。

三是有慈悲心。以慈悲心去探望照顧病人。

四是能調理湯藥，幫助病人服用。

五是能為病者說法，令他皈依三寶，或者不念佛的，勸他念佛，這樣把他也度了。

這有五種福德。如果父母、師長有病了，必須前往瞻視，不能委待於他人，託別人去看視是不對的。父母、師長有病苦而不去瞻視，不但犯此戒，同時犯了第一個輕戒。

生老病死，這是每人都要經過的，都不能免除。病苦是苦中之苦，難過得很，最需要他人來幫助。佛陀在世的時候，親自伺候老病的比丘，餵他們飲食，幫他們洗衣服、處理大小便，佛都親力親為。佛陀慈悲，目的是拔眾生的病苦，所以特制此戒，受了戒的優婆塞、優婆夷要遵從。

唐懿宗時代，有位悟達國師，他是三昧水懺的製作者。遇到一個生病的老和尚，因為老人身上有股臭味，人都遠離，誰也不管他，唯有悟達法師幫他打理病痛，照料他的飲食。經過很長一段時間，老和尚病好了，就告訴法師，說你將來有大災大難，要去四川西蜀九龍山找我，山上有一棵樹，樹下有茅房，就去那裏找我。

之後，法師被唐懿宗拜做國師，聲名大噪。皇帝送給他一把沉香木椅子，他非常高興，就坐了上去。而就這一念歡喜心生起，他的膝蓋上就長出一個人面瘡，痛得他死去活來。法師這時候想起，自己做小和尚的時候，在一個十方堂裏掛單的老和尚，臨走前告訴自己，如果有大災大難就去四川找他。法師當時正面臨生命危險，就想辦法到了四川西蜀，果然見到老和尚在那入定。他一去，老和尚就說「好了，你來了，後邊有清泉，你到那去洗一洗，瘡就好了。」他就一瘸一拐地跑到那裏，正要拿水洗的時候，人面瘡講話了，他說：「你看過歷史書籍嗎？」悟達法師是國師，學問非常好，回答說：「我看過。」人面瘡說，漢朝的時候袁盎殺晁錯，晁錯是個忠臣，這袁盎是個奸臣，他把忠臣害了。害了之後，袁盎就出家了，十世為高僧。晁錯時時在找他，找了十輩子，想要趁機報復他，可報復不了。後來唐懿宗就送給他一個沉香木椅子，他往上一坐，就一念高慢心生起，晁錯就趁虛而入，來報仇了。人面瘡說：「現在，我已經把嗔心解除了，多虧迦諾迦尊者這三昧水的力量。我走了，我不報復你了。」法師拿水一洗，人面瘡當場就好了。

這個故事說的就是瞻視病人。悟達國師在做小和尚的時候沒有嫌棄那個老和尚，其實這個老和尚是羅漢化身，是度脫他來的。法師並不認識化身的老和尚，不僅不嫌棄他，還瞻視老和尚的病，因此得到老和尚三昧加持的力量，一切罪業都消除了。

見乞不與戒第四

若優婆塞、優婆夷受持戒已，見有乞者，不能多少隨宜匃分，與空遣還者，是優婆塞、優婆夷得失意罪，不起、墮落、不淨、有作。

這個意思很簡單，有人乞討，向你伸手要錢，受菩薩戒的人應該多少給他一些，不給就犯了失意罪，得不起、墮落、不淨、有作果報。不管乞討的人怎麼樣，我們按照情理來，一個窮人本身就是想要點錢，多多少少你要給他一點；如果不給，那就犯菩薩戒了。不能多少隨宜分與。多少，就是沒有限定，有多少算多少。

「與」就是給，分與就是將自己的東西分給他人。這句話是說，不願意把自己的財物多多少少分送給乞討的人。除非出門沒帶錢，那就算了，不然還是應該多多少少隨自身的方便幫助他，使行乞的人心願得以滿足，解決困難。

「空遣還」，是說讓他空手離開。給乞討者的東西有很多類，乞錢，可隨方便給他一些；乞飲食，就給一些吃的；乞財物，給一些東西物品。此外還有乞法的，受菩薩戒的人，人家來向你求法，你應該說給他，不說是吝法。吝法的果報是得愚癡罪，就是將來你甚麼都不懂。我們要盡己所知，懂多少就說給他多少。還有不吝力，人家有困難求到我們了，我們應該盡自己的能力幫助他人，這就與菩薩戒相應了。

人家向你乞求，你視而不顧，扭頭就走了，或者不睬不聞甚至惡言相向，或者以手勢、言辭、表情遣還，就是令乞者求乞的心願落空，就犯戒了。

受戒的人就是學佛的人，應該以慈悲心為第一。乞者多貧，或者有病，我們應該幫他一點，做到與樂拔苦。這正是信佛弟子所應為的。乞而不與，一點都不肯給予，將他空遣去的話，就有違慈悲心了。佛制此戒，犯者所受的罪報與第一個輕戒一樣。

見四衆尊長不承禮拜戒第五

見四眾尊長不承禮拜戒第五，這是二十八輕戒的第五戒。

若優婆塞、優婆夷受持戒已，若見比丘、比丘尼、長老，先宿優婆塞、優婆夷等，不起承迎、禮拜、問訊，是優婆塞、優婆夷得失意罪，不起、墮落、不淨、有作。

受戒的優婆塞、優婆夷見到比丘、比丘尼，或者年長者、先宿以及優婆塞、優婆夷等，這個「等」包括年老的人，如果以上所說的比丘、比丘尼、長者來了，後生的人應該起來承迎、禮拜、問訊，這是一種最起碼的禮貌。

佛陀在世的時候，他方諸佛遣菩薩來，見到佛陀都要頂禮，右繞三匝，然後跪下來，禮拜，問訊世尊「難否，如意否，無病否？」都要問候。你看佛與佛之間，請弟子們來相見，都要問候、禮拜，這是互相尊敬的意思。如果後生的見到年老的比丘或長者，睬都不睬，自己坐臥恣意，這就失去了對尊長的尊敬。對父母、師長，我們都要行弟子禮，這纔能呵護受優婆塞、優婆夷戒的人。如果不承應禮拜，那就犯戒了。

「長者」，指修行很久、道行很高，或是受戒臘很多年的，所謂上座、中座以上的比丘、比丘尼。長者是尊稱，我們應該對長者尊敬。

經文裏說長老舍利弗、長老目犍連，名字前面都加個「長老」，代表他的年歲很大、受戒很久、修持很高，這是一種尊稱。

在《增一阿含》裏，阿難尊者問佛：「比丘當云何自稱名號？」就是我們出家人之間怎樣互相稱呼呢？世尊告阿難尊者「讓小比丘向大比丘尊稱長老，大比丘稱小比丘名字。」這是佛親口所說，不能見到一位大比丘而直呼他的名號，這就不應該了。尤其是在家的居士，見到出家人，更應該尊稱他為某某法師，如果直呼他的名字，對這法師就不甚恭敬了。

甚麼叫大比丘、小比丘呢？佛門裏是有層次的，受戒十年以下，不論年歲多大，都稱為小比丘。受戒超過十年，達到二十年、三十年，這是大比丘。三十年者謂之上座，二十年者謂之中座，受戒十年謂之下座，以這個層次來區分。對受戒幾十年的比丘直呼他名字，這是不應該的。

在南傳佛教中，戒蠟很有講究，比丘見面合掌，一問「師父，戒臘多少年？」一答「已經二十年了。」問者就跪地給答者叩頭，因為他戒臘沒有人家高。答者也不還禮，直接接受頂禮。戒臘短者見到戒臘長的，都要叩頭、頂禮。

《十誦律》裏有一段記載，佛言：「從今，下座比丘喚上座比丘言長老。」下座比丘受戒時間不夠長，對上座比丘尊稱長老。有比丘說：「爾時但喚長老不便。」佛言：「從今喚長老某甲。」單呼「長老」時會有不便，因為有很多長老，不知在稱呼哪一位，所以就加上法號，如「長老舍利弗」「長老目犍連」，這樣稱呼的，就不犯戒。

經裏有「長老舍利弗」「長老目犍連」，我們對長老也這樣來稱呼，比如「長老永惺法師」「永惺老法師」，都可以。

長老僅指德高望重、年歲大、出家很久的比丘、比丘尼，是尊稱。在家庭裏，你已經做阿爺了，你的子孫稱呼你「長老」，也不為過分，但在法師跟前稱某某居士為「長老」，就有點太牽強了。

在家人德再高、年再長，也不得在法師跟前尊稱為「長老」。

「先宿」，年紀大的人，被尊稱為老宿，意指他的道德很高。先宿，是指年事已高的、先受戒的、先學的尊長。優婆塞、優婆夷，對出家的比丘、比丘尼年高德劭者，可稱為「先宿」，這是尊稱。

所謂「不起」，凡是優婆塞、優婆夷，遇到比丘、比丘尼、長老、先宿等等大德、四眾的尊長，應該起身為禮，不得我行我素，坐臥不起。不睬不理是一種很貢高我慢的態度，這對長老來說是不敬的，不應該這樣。我們是三寶弟子，不管年歲多高，在家居士都應該對僧寶，對比丘、比丘尼恭敬、禮拜。師長、比丘、比丘尼，他的歲又高、戒又長、德又劭，你見到他不承應禮拜，豈不是我慢太高了？將得失意罪。

所謂「承應」，「承」是承事；「應」是歡迎，也叫奉迎。凡遇比丘、比丘尼、長老、先宿等四眾的尊長，除應立即起身、表示歡迎外，還要隨時準備承事囑託。出家二眾合稱為僧，僧就是大眾僧，對待出家人都不承應禮拜的話，那貢高的心太強了，就有違過，違背了受戒的義旨。戒經裏講，出家的八十歲的老的比丘尼，見到新受戒的比丘，也都要承應禮拜，何況已經受了比丘、比丘尼戒的出家法師們。在家居士是三寶弟子，不承應禮拜，太失禮了。

所謂「禮拜」，就是五體投地地膜拜。佛在世時，禮拜佛陀的禮節是兩手承佛足，以頭觸佛足，頭為最尊，足為最卑，這是最恭敬的禮法。現在佛滅度了，我們沒有辦法承着比丘的足，所以行頭面接足皈命禮。拜佛的時候，手掌翻過來，觀想佛陀的雙足，在我的手心上站立着，這是五體投地，就是兩手至肘、兩腿和額頭着地。現在拜佛用拜凳，有的拜凳很高，等於四十五度的鞠躬，那可以說五體並沒有投到地上。這種要詳細說都是貢高我慢禮，我們應該五體投地，像密宗式，整個人着地，那是正式的五體投地。

拜佛應該實實在在，現在的人嬌生慣養，體力都不好，不能趴在地上叩頭，都用拜凳。還有的頭都不沾拜凳，兩腳也離開很遠，和一貓腰、一鞠躬一樣，那都是不應該的。

見到長老、比丘尼、先宿，應該頂禮。如果被頂禮者說一拜，你一拜即可，不要再去頂禮，不要違背長老的言教。如果他不出聲，你必須頂禮三拜，規矩是這樣。《六祖壇經．機緣品》裏講：「僧法達，來禮祖師，頭不着地。」祖師呵斥他：「禮不投地，何如不拜。」來頂禮祖師，頭不着地，等於沒有拜一樣。所以禮拜的時候要五體投地，方為合理。

「問訊」，有問候、問安的意思。禮佛三拜之後一問訊，就是遇到比丘、比丘尼、長老或者先宿，禮拜之後仍合掌，深深鞠躬，問候比丘。此時要發出一種崇敬心，不可以有輕慢心，或者很勉強的心，好像你這一問訊是委屈了自己一樣，要很沉靜，問比丘「康復否？」問安身體，祝少病少惱。《僧伽律》有講：「禮拜不得入啞暗，當問訊。」即頂禮三拜之後不可以一點聲不出，啞暗，就是啞巴。頂禮之後應該問訊法師：「你好嗎？身體健康嗎？」表達關心。這是重要的禮儀，優婆塞、優婆夷知禮，了解怎樣去禮拜，去問安，這正是合乎體統的。

見四衆毀戒心生憍慢戒第六

若優婆塞、優婆夷受持戒已，若見比丘、比丘尼、優婆塞、優婆夷毀所受戒，心生憍慢，言我勝彼，彼不如我，是優婆塞、優婆夷得失意罪，不起、墮落、不淨、有作。

四眾，指比丘、比丘尼、優婆塞、優婆夷。看着他破戒了，戒持的不清淨，心裏生出一種憍慢，想着「我多好，我沒有犯戒，我很殊勝。他犯了戒了，他不如我。」憍慢心一生，你也就破戒了，得了失意罪，得不起墮落、不淨有作果報。見到人家犯戒，心裏應生一種慚愧心，愧疚自己沒有引導他，令他不破戒，覺知自己也有過患。應發慈悲心、孝順心，去勸勉他、幫助他，求懺悔，令他恢復戒體。應該生慚愧心，不可以生憍慢心，認為「我很好，他不如我」，或者加以毀謗，有這種態度，有這種思想，自己就已經犯戒了。

出家比丘有二百五十戒，比丘尼三百四十八戒，有的說五百戒，優婆塞、優婆夷有六重二十八輕戒。三千威儀、八萬細行，這些戒法非常細緻，所謂動輒得咎。犯一點戒，是很平常的事，尤其在現在的生活裏，行為上、言語上很瑣碎的事情，一不小心，就可能犯了戒，而且自己犯了戒也不知道。所以，不要老是看人家犯戒，自己犯了戒自己不知道而已。我們看着他人犯戒，應該生慚愧心，生警覺心，提醒自己不要跟他學，跟他一樣犯戒。如果自己不去警覺，犯的過錯比他更大。

戒經說，「若人自入鏡，好醜生心起。」拿面鏡子照照自己，我的面容是好？是不好？自己心裏都知道。我們要嚴格地觀察自己持戒那些細節，不毀犯是最好的，毀犯了當要懺悔。

看到他人犯戒，自己不但沒有慚愧心，還生出一種憍慢心，是不應該的。看到他人要省思，大家都有連帶關係，他能犯戒，我能不犯嗎？要檢查檢查自己，好好做一個警策，不要生起犯戒的心，也不要取笑他。憍慢心屬於煩惱，輕慢他人就犯了輕慢戒。我們要發心，堅持淨戒，將來纔能成佛道。

不持六齋戒第七

若優婆塞、優婆夷受持戒已，一月之中不能六日受持八戒，供養三寶，是優婆塞、優婆夷得失意罪，不起、墮落、不淨、有作。

受菩薩戒的人要持六齋日。「六齋日」就是六個齋日，是以夏曆，也就是陰曆計日的，指每月的初八、十四、十五、二十三、二十九、三十這六個日子。如果當月小，那最後兩個齋日，是二十八、二十九這兩日。六齋日中要行八齋，八齋就是受持八關齋戒。

八關齋戒是在家人受持出家戒，要一晝夜獨處，有丈夫或者有太太的，不可以同床，還要過午不食。受持八關齋戒，說容易也很容易，說難也很難，就看自己的處理。在家居士要到寺廟去請法師幫你受此戒，好像很麻煩，那麼自己在家裏受戒可不可以？可以的。在家裏叫自是受戒，在佛前發願，照着八關戒本讀，也可以。這是一種方便，如果路太遠，或者年紀大了不方便出去，那就自是受戒。

這八戒是甚麼？第一不殺生；第二不偷盜；第三不淫，正淫也不可以；第四不妄語；第五不飲酒；第六不着香花幔、不香油塗身，不歌舞唱伎，就是不裝飾，不化妝，不唱歌跳舞，不往觀聽唱伎，就是那些要把戲等各種娛樂他人的樂會；第七不坐高廣大床，四尺的床都不算大，高有一尺半十八寸，伸一下腿剛好沾到地，超過這標準就算高大。第八不非時食，就是過午不食。有人說：「我身體不好，不吃東西晚上覺都睡不着。」這樣的情況下，可以吃流質品，比如鮮奶或者是米漿，不用牙齒嚼的，就可以吃。這是針對現代人身體不好的一種開緣。

寺廟裏開緣，吃非時漿要受法，這是一個儀軌，兩位法師相對，一法師說「是非食漿，因病緣故，應受此食。」意思是我有病，要受漿食。對方說「善」，他再答「爾」就受了。因為生病纔吃非時漿，這樣不算犯戒。在家居士去哪裏受？衹要不是用牙齒來嚼的東西，就可以吃。這是一種方便法，不然的話，這戒就不能受持了。

不非時食纔是齋，齋者戒也。受八關齋戒一日一夜，這個功德可以往生到極樂世界，得中品中生。如果過午還要吃飯，雖不吃肉，但不能稱為齋，這叫素食。齋者，一定是過午不食的，兩者有分別。

來看「供養三寶」。供養三寶的物品和方式很多，如鮮花、水果、食物、香、燈、錢財、衣物及承事等，均可以供養三寶。

現在是工業社會，大家工作都很忙，非節假日難得有時間前往寺院行供養，優婆塞、優婆夷可以時時念誦，供養佛、供養法、供養僧。在家裏，吃飯的時候裝一碗飯擺在佛前，燒一支香，頂禮三拜，就是供養佛、供養法、供養僧，也就承事三寶了，這種供養法方便。會念供的，供養清淨法身毗盧遮那佛，供養咒子也可以，都屬於供養佛、法、僧。三寶是最尊最貴的，難遭難遇，受戒的優婆塞、優婆夷，需於每月的六齋日行供養。

故佛制此戒，犯此戒所得的罪，如第一個輕戒。

不往聽法戒第八

若優婆塞、優婆夷受持戒已，四十里中有講法處不能往聽，是優婆塞、優婆夷得失意罪，不起、墮落、不淨、有作。

既然是學佛的居士，有講法的地方，就應該去聽，不聽就得罪、犯戒。「四十里中」，是一個距離標準。四十里之內的範圍叫作四十里中，其指可以當日往返的距離。早上起來，天一亮就出發，走到中午到達目的地，聽經之後下午再回來。以這個距離為限定，四十里之內，如果不去聽經聞法，就犯戒了。

「講法處」，就是講經說法的地方。講經，並不一定是法師長老，或大的比丘、比丘尼，在優婆塞、優婆夷中能講經的人都需要去聽。現在，很多比丘不一定會講經，居士反而對法很有研究，香港很多大居士，如高永孝居士都講法。如果有人講法，講的是正法，我們就應該去聽一聽，能種善因。法師之中，不但講法的要去聽，有法師誦經的，也要去參加。這些法師不講，他祇念，我們每個禮拜一都念《地藏經》，有很多居士參加。法師有幾種，有讀經法師，有誦經法師，「讀」是對着本念，「誦」是背誦。有解說法師，講解經典，還有書寫法師，用毛筆寫經。不管是哪種法師，自己有時間，應該依着好樂去參與，讀、誦、講說、書寫，都可以，對個人都是有利益的。

一個佛教徒，如果會打前綴，會唱念，領導大家如如法法地共修，那也是功德。香港好多居士，唱念真是比我們法師都好，他用功，天天領着念，不辭辛苦，這都屬於聽法。希望大家以後常常聚會，多點學習，那沒人領導的時候你就可以出來領導了。領導人修學佛法，行持佛法，這是無上的福田，是修福的前綴，你要是領導的好，大家念得非常高興，你的福就修起來了。希望大家不但講法要聽，就是念經的地方，有機會也要去。

受僧用物戒第九

若優婆塞、優婆夷受持戒已，受招提僧臥具床坐，是優婆塞、優婆夷得失意罪，不起、墮落、不淨、有作。

「招提」是梵語，意為四方。僧人可以住在寺廟裏，寺廟不限定地區，四方的僧人都可以來掛單。那麼，招提僧，就是四方來的僧人，他們的物品就是招提僧物。僧人除了臥具床坐、三衣之外，身無長物。臥具床坐，統指睡臥資具，可在拜佛時用，睡覺的時候，就鋪到身子下面，如果打坐，就把它鋪在地上坐上去。

不論出於感情，或者甚麼關係的原因，如果優婆塞、優婆夷得到出家人的招提僧物，表示「我給你保存」，那就犯戒了。「受」字很重要，是取藏的意思，它不是盜取。

四方僧物其實包括很廣，經文之中僅列了臥具、床坐以代表。供僧的資具，都是四方僧物，就是說出家人的物品都屬於四方僧，世界上所有的僧人都有份。所以我們供養寺廟的物品、金錢，功德大，原因是甚麼？僧物遍於十方世界，凡是有僧的地方他都有份。我們供養僧人，這個僧人並不是單指個別說的，指的是全體。假設你盜了僧物，罪不通懺悔，你沒有辦法向十方僧人求懺悔。

四方僧物，在家受了菩薩戒的二眾不可以取來，不可以用，因為出家人就那一套，沒有第二套。臥具是資生之具，是床帳、被褥、枕頭等睡眠時所需用的一切。《四分律》中名三衣袈裟為臥具，《行事鈔》亦講「言臥具者，是三衣也。」出家人在南方就是單三衣：做務衣，就是一件裙子；七衣，是搭着披在身上用的；大衣，登座說法時穿，或者晚上打座的時候怕受涼，蓋在身上。這三衣出家人必不可少，如果你拿來用了，他自己就沒有了。

現在因四季的氣候不同，出家人衹用三衣吃不消，所以每個人有很多衣服。大衣服、小衣服很多，這是一種貪心，應該盡量的少。

臥具是總名，包括日常所需的一切用具。招提僧的臥具、床坐這些東西，謂之淨物，是出家人專用的。出家人的房間，如同女孩的閨房一樣，不能隨便人去睡，隨便人去用的。如果優婆塞、優婆夷要取藏，或者使用，這謂之不淨，是對出家人不恭敬。而且他就這麼些東西，你拿去用了，他就沒了，不給，好像沒有慈悲心，給了自己沒的用，確實令他為難。

所以佛制此戒，若有犯此戒，其所受的罪與第一輕戒一樣。

飲蟲水戒第十

若優婆塞、優婆夷受持戒已，疑水有蟲，故便飲之，是優婆塞、優婆夷得失意罪，不起、墮落、不淨、有作。

印度是熱帶地方，有一點水，蟲子很快就生長出來，佛在世時製造濾水囊，就是一個布袋，袋上有一個口，水倒進布袋，拿一個碗盛着過濾，濾過的蟲子，留在布袋裏。之後，把布袋翻過來，在水裏輕輕晃動，蟲子回歸水中。

「故便飲之」，指明知這水裏有蟲子，去飲了，這等於殺生。這樣，優婆塞、優婆夷就得失意罪了，得不起、墮落、不淨、有作惡報。明知有蟲你還要去飲，不是殺了很多生命嗎？這是不應該的。飲有蟲的水，一定要用濾水囊，如果不知道水裏有蟲，不犯戒。我們飲有蟲的水，對健康有害，或者因之生病、死亡都不一定。人身難得，失去卻很容易，我們應注重自己的生命安全。有蟲的水，切記不要飲。現在科學昌明，各種濾水器皿都很方便，可是在印度那個時候是沒有辦法的，天氣炎熱，飢渴起來實在受不了。

佛在世時，有兩個比丘，從很遠的地方出發，想着去見佛。天氣很熱，走在路上又飢又渴，遇到一點水，這兩個比丘就去喝，看到水裏有好多蟲子，一個比丘說：「我想見佛，要是渴死就見不到佛了。」他就喝那水了。另一個比丘說：「渴死我也不飲，我不殺生，我持佛禁戒。」他就死掉了。結果渴死的比丘因為誠心的緣故，神識就到了佛前，早早地見到佛了。那個飲有蟲水的比丘，沒有渴死路上，經過很艱難的行走，終於也見到了佛。他一見同路那個比丘，就說：「你不是在路上渴死了，怎麼先來了呢？」那個比丘說：「因為沒有飲水，我早來見佛了。而你飲了有蟲水，雖然能見着佛，卻遲了很久。」人持戒而死，可以早一點見佛，也能早一點成佛。

險難獨行戒第十一

若優婆塞、優婆夷受持戒已，險難之處無伴獨行，是優婆塞、優婆夷得失意罪，不起、墮落、不淨、有作。

「險難之處」，指虎狼、猛獸或是土匪、盜賊藏着的地方，也指高山險道或者積水深灘這些危害生命之處。人身非常難得，既得人身了，應該善用它，不可以無謂地冒險，使有損傷。佛法難聞，我們生存一天，就可以聽經聞法。所以，受戒以後的優婆塞、優婆夷都應該發菩提心，立四弘誓願，上續如來的慧命，下解苦難的眾生，如若冒險受到損傷，於佛法也是一大損失。

這個險難之處也包括打仗的地方，我們不可以去，對生命有危險的地方都不要去。要保護身體，修行佛法，上成佛道、下化眾生。無謂的犧牲，是非常可惜的，險難獨行戒要戒之。

「無伴獨行」，指險難之處，沒有伴獨行。二人以上叫結伴，沒有人相伴就叫獨行。有人相伴，還要商量能不能化解險難，不能的話，就是有伴也不可以去的。

假設為了弘揚佛法非獨行不可，雖有險難之處，仍可以獨行。就像玄奘大師，去印度取經，路途上非常險難，跨越萬里千山到達印度，留學十七年後，帶着很多經典回到中國，大弘佛法。這是以弘法而行險，應是不犯戒的。不然的話，白白地犧牲性命就屬於無謂了。

玄奘法師去印度，也是幾個人同行的，《西遊記》裏寫他們有四、五個人，又是白龍馬，又是孫悟空，那是小說演繹了。真正的唐僧有幾個同伴，也的確是騎着白馬，這白馬已經到過印度五次了，它自己知道應該怎麼走，老馬識途這個典故就這麼來的。

獨宿尼寺戒第十二

若優婆塞、優婆夷受持戒已，獨宿尼寺，是優婆塞、優婆夷得失意罪，不起、墮落、不淨、有作。

「獨宿尼寺」，指受了菩薩戒的男居士，單獨到女眾常住的寺裏去。這是犯戒，不可以。男居士單獨到尼寺去，會引起很多的閒話、誹謗，不但有損出家人名譽，自己犯戒，還讓人造口業。所以佛制此戒，不准男居士獨自到女尼常住的寺廟裏去居住。如果多人，有男有女，它有方便處所，就不犯戒。反過來說，一個女居士獨自到比丘常住的寺院裏居住也不可以。

爲財打人戒第十三

若優婆塞、優婆夷受持戒已，為於財命打罵奴婢、僮僕、外人，是優婆塞、優婆夷得失意罪，不起、墮落、不淨、有作。

「財命」指一般人將錢財看的很重，視財如命、愛財如命，財就像是他的第二個生命一樣。「奴婢」是買來勞作的，幹活不用支付薪水，給他點衣食而已。「僮僕」是以工資僱入的，「僮」是年幼的小孩；「仆」是年長的男女。「外人」，就是僱來的、並無親屬關係的人。

因為奴婢僮僕外人，有心或是無心的過失，使其錢財招致損失，而生嗔恚。一手打他，一口罵他，加以責罰，就是「為於財命打罵奴婢僮僕外人」。打人是身業，罵人是口業，嗔恚是意業。打罵他人的行為，就犯了身、口、意的三業罪，三業不清淨，就失去戒德了。學菩薩道，應以慈悲心為主，對待奴僕太刻薄，有違慈悲心。

對一個蟲蟻，上天都不去殺害，何況對人，更應該愛護，兒童我們視同自己的子女，同輩視同自己的兄弟，有這種心胸，纔可以成就菩薩道，纔是一個真正受過菩薩戒的人。

錢財是身外之物，是為有也是假有，都是不實在的。因為他人將自己的錢財有所損傷，就去打他、罵他，或者去告他，這都是不應該的。你要這樣做，變成再生的結縛，就生出很多煩惱。佛制此戒，衹要犯戒者，受惡業罪。現在報章上常常可以看到，子女告自己的父親、告自己的母親，跟父母打官司爭財產，這些人都不明白佛法，都犯了忤逆罪。他們看錢比親情都重，視錢如命。這是看不開，不了解身外物都是無常的，把最好的親情、最有恩的親情都忘記了，去告父母，去破壞父母，互相詆毀，這類人變成一點人性都沒有了，跟畜生有甚麼分別？

我們學佛的人看到這樣的行為，感到非常難過。一個人，自己的色身都由父母而長養，養大為人，不但不報父母的恩，反而去跟父母爭財產，打官司、動刀，這是不是有點失去常性呢？這些人都犯忤逆罪，將來要墮落地獄的。學佛的人實在不應該有這樣的行為，應知錢財是身外物，吃多少、用多少也是有定數的。為甚麼要到這個地步，實在可憐。

殘食施四衆戒第十四

若優婆塞、優婆夷受持戒已，若以殘食施於比丘、比丘尼、優婆塞、優婆夷，是優婆塞、優婆夷得失意罪，不起、墮落、不淨、有作。

「殘食」，指自己或者他人吃剩的食物，如飯菜、茶水、果餅等等。「施」就是施捨。施捨本來是有福德的事情，《佛說賢者五福德經》講：佛言，持食施僧，有五種利益，第一長壽多財富；第二端正受尊敬；第三力量充沛；第四世世安穩；第五辯才好。施的目的，是捨離自己的慳貪，所以要誠敬。施捨東西，要生發誠敬的心，施與潔食，即潔淨的飲食。我們想着給人家吃，尤其是供養比丘、比丘尼、受菩薩戒的男女，不應該用吃剩的東西、不好的東西，這就沒有恭敬心了，而且折福。

供養四眾弟子，用清潔的、好的飲食。如因吝嗇以殘食施與比丘、比丘尼、優婆塞、優婆夷，這是慳惜心重，是非常不恭敬的，就把施食的意義都失去了。為甚麼要施捨？主要目的是斷絕慳惜心。因為過去不肯施捨，今生纔得了一個貧窮的果報，應該以歡喜心，將清潔的飲食施與比丘、比丘尼、優婆塞、優婆夷，方能得到利益。

若以殘食給人家，是為不敬，所以佛制此戒。有犯此戒的，其所得罪與第一輕戒相同。

蓄貓狸戒第十五

若優婆塞、優婆夷受持戒已，若蓄貓狸，是優婆塞、優婆夷得失意罪，不起、墮落、不淨、有作。

「蓄」就是畜養。貓捉老鼠，狸跟狐狸一樣，身體很小，嘴尖尖的，這兩種動物很喜歡殺生，見到小的動物就捉來吃掉，好多人都畜養它們當寵物。受菩薩戒的人，假使畜養貓狸，就犯戒了。為甚麼？因為貓、狸會吃小動物，所以不能養，養它等於讓它去殺生、害命。

一個受菩薩戒的人畜養這些畜生，雖然自己不去殺生，可是你養了它，它去殺生，你也有罪。這些貓狸，性喜殺生，而受菩薩戒的人以慈悲心為主，跟它正相反。

所以佛制此戒，就是不要畜養貓狸。犯此戒，得不起罪。

有人問不起、墮落、不淨、有作，現在再說一下。

「不起」，經文裏說的不得暖法，乃至到阿那含，不能生起。這就是不起指不能生起來，不能往上生，就止於本位。受菩薩戒的人犯了戒的，不能得暖法，也不能得聖果的位置。不但不能夠上生，而且還要墮落。「墮落」由上而到下，犯了戒，要到地獄、餓鬼、畜生道去，是下墜、下落的，這叫墮落。

「不淨」，戒是清淨的，如果你犯了戒，那麼身心都不清淨，所以叫不淨。

「有作」，「有」就是有了生死。戒律不清淨，就與生死不能相離，就有因、有果，做了壞事，就有惡因，將來就有惡果。

「作」，是作意、作業、作犯。作意就是心裏着相，有這個念頭去作的。作了之後，就有業因。

所以不起、墮落、不淨，這是相連的，你造了業，犯了戒，就不能生起，還要墮落，令身心不得安靜，不清淨。有了、作了惡因，將來就受生死的果報，這是有作。

蓄養畜獸不淨施戒第十六

若優婆塞、優婆夷受持戒已，蓄養象、馬、牛、羊、駝、驢，一切畜獸，不作淨施未受戒者，是優婆塞、優婆夷得失意罪，不起、墮落、不淨、有作。

「蓄養」就是蓄養，養馬、象、牛、羊、駱駝、驢，不但不畜養這些個大的眾生，一切畜獸都不可以養。

過去是農業社會，每個廟都種田，沒有這些畜生，就不能進田耕作。今天怎樣用法？作淨施養，這些畜獸不是出家人能養的，把它們交給不受戒的人去畜養。他代我養，就不犯戒了，還有畜生可以用。這個目的也是讓你做一個淨施，這個東西不是我的了，施捨給未受戒的人代養，是這麼一個意思。

象、馬、牛、羊、駱駝、驢，這六種動物，均是供給人類的勞力，拉車、犁田，或者穿它的皮毛，或者吃它的肉，其它畜獸，都是供給人類食肉的，而它們供養最多。佛陀慈悲，給予我們眾生生命平等的教育，所以受戒居士要遵循不得畜養這些畜獸的戒規。

「作不淨施」，你畜養它了，就是不淨，因為你不該養。應該做一個施捨，布施出去。受了優婆塞、優婆夷戒的人，要把畜養的象、馬、牛、羊、駱駝、驢，以及其它畜獸，施捨給未受戒的人，做淨施。淨施就是布施，不求世間的名聞利養、福報等。布施時沒有施捨的想法，沒有所求的功德，資助出世的善根，或作進入涅槃的正因，就是清淨心，以清淨心而行布施。布施如果為了名聞利養，就不淨了。有我是能施的人、它是中間有所施的物、還有所受

的人的想法，三輪不空，就是不清淨。施捨應當沒有布施的心，沒有布施的物，也沒有接受的人，要三輪體空。要是為了虛妄的求福報而行布施的話，就犯戒了，就叫不淨施了。

不蓄三衣鉢杖戒第十七

若優婆塞、優婆夷受持戒已，若不儲蓄僧伽梨、衣、鉢、錫杖，是優婆塞、優婆夷得失意罪，不起、墮落、不淨、有作。

「蓄」就是儲蓄。為甚麼在家居士要蓄三衣、鉢和杖呢？出家人沒有錢，沒有經營生意，他的錢都由居士供養。受菩薩戒的弟子，平常家裏都應該預備有三衣，就是五衣、七衣、大衣，還有吃飯的用具鉢，以及拿來做柱杖、驅蟲獸的錫杖。以備出家人三衣不足或者壞爛、鉢壞了或者錫杖損傷、遺失時取用。受菩薩戒的人應該儲蓄這些東西，如不儲藏，就是犯戒，得失意罪，得不起、墮落、不淨、有作惡報。

「失意」，就是無心、不留意。

「僧伽梨、衣、鉢」，這些是比丘、比丘尼必須要用的物品，有六種。

一是僧伽梨，指九條，或者二十五條製的大衣，是晚上天氣寒冷時，或者登座說法時披着的衣服。

二是郁多羅僧，指七條中衣。七衣是平時搭的，南傳僧人都要搭，他們搭五條衣，他們肩膀上揹着的是大衣。

三是安陀會，叫五條衣，也叫下衣，是南傳僧穿的一種裙子，一般叫沙龍。以上就叫三衣。在南方衹用三衣就可以，但北方嚴寒的時候，不但這三衣不夠，就是穿的棉襖、棉褲，都要很厚很厚的，不然頂不住。這是三衣佛具，居士平時要預備，防止出家人沒有了，前來乞要，你若沒有儲備，不能供養，那就犯失意罪了。

四是鐵斗羅，就是鐵缽。出家人用兩種缽，一種瓦缽，是陶做的，一種鐵缽，用炭、香料熏過，那種缽不生銹。

五是尼師壇，就是坐具，拜佛用的資具。

六是濾水囊，是濾水用的，防止飲水中的蟲。北方可能用不到，南方是少不了的，天氣熱或者下了雨，水溝裏生出很多蟲蟻、很多微生物，不用濾水囊，飲了蟲水，也犯殺戒了。

這些儲物叫三衣六物，是一定要準備的。「儲蓄」，就是預備、儲藏在那裏。出家二眾，棄守田園屋宅一切錢財，不持金銀寶物，手裏不捉錢，他不能買，要在家居士預備供養。

「錫杖」，用來走路、行腳。出家人不一定在哪裏住，他要出外行化，走山路，或者遇到草窠，經常是很危險的。南方草木深邃，草堆裏有蛇，有蟲蟻，甚至虎狼都可以藏在裏頭，他走路的時

候，錫杖嘩啦嘩啦響，這些蟲蟻野獸聽到就躲開了。此外，他乞食到人家門口，是不可以叩門的，就用這個錫杖搖三下。為甚麼搖三下呢？因為如果比丘跑到人家門口不停地搖，自己手痠痛不說，別人聽到會生煩惱。這比丘不停地搖而門不開，可能是家裏沒有人，或者人家對出家人討厭，不願意見他，不願意給他東西，所以人家就不睬你，不睬你就猛搖，你就不對。以後有了規定，祇准搖三下，搖過之後等一下，裏邊人沒有出來，就走，不准在那等候，也不能一直不停地去搖錫杖。錫杖有四環的，六環的，九環的，它的用途是驅蛇、驅獸，或者叫門用的。

作田不求淨水陸種處戒第十八

若優婆塞、優婆夷受持戒已，若為身命須田作者。不求淨水及陸種處，是優婆塞、優婆夷得失意罪，不起、墮落、不淨、有作。

這是種田方面的戒，陸種都需要澆水，在南方耕種，因為是熱帶地方，水灘裏有很多蟲，撒下種子後，如果用這樣的水去澆陸種處，就犯戒了，因為殺了很多生命。即便為生命存活去種田，也要用濾水囊過濾，看到水裏有蟲子，就攪動一下，那蟲子就沉底了，看到沒有蟲了再打水上來。如果一個受菩薩戒的人，不顧其它眾生的生命，澆水到旱地上，那麼水裏的蟲子就會死亡，這個不可以。

「若為身命須作田者」，種田不是來玩，而是為養我們的身命。「不求淨水及陸種處」，隨隨便便地舀一勺水，那裏面其實有很多蟲，拿這水去澆田地，蟲子都死掉了，這樣就是殺生害命，不是受菩薩戒的人應做的事。

種田要求淨水，不能衹顧自己，不顧死傷的蟲子。水灘裏蟲很多，它的繁殖力又非常強，用水灌溉田園，水中的蟲子都死亡了，變成我們直接殺生了。

要找淨水，像河流的水中蟲蟻稍少，如果魚蝦也不多，那這樣的水就可以用。要找淨水，就是沒有甚麼生命的水去澆田，纔合乎慈悲心。

「陸種」，就是田裏播下種子，麥、麻、豆、蔬菜都有種子，沒有種子就不能生長糧食。種種子的時候，如果不用有蟲的水去澆，就不犯戒，用有蟲的水去澆，就犯了。蔬菜長出來的時候，也不可以把殺蟲藥向菜上去噴，看到有蟲，就用手把它捉起來，送到草窠去，不可以看到很多蟲蟻就馬上噴藥水，那也是殺生害命。受菩薩戒的人，應該處處小心，不要故意去殺生，無論以甚麼理由殺生都是有罪的。

佛在世的時候，出外遊行時看到農夫在田裏犁田，田裏有很多像蚯蚓一類的蟲，田一犁過就被翻出來了，天上的飛鳥就捉去吃。佛見眾生多苦，墮了畜生之後還要被鳥吞食，心生悲憫，打那之後，就發心出家，這是引發他出家的一個因緣。

市易販賣斗秤不平戒第十九

若優婆塞、優婆夷受持戒已，為於身命，若作市易斗秤賣物，一說價已，不得前卻捨賤趣貴；斗秤量物任前平用，如其不平，應語令平。若不如是，是優婆塞、優婆夷得失意罪，不起、墮落、不淨、有作。

「市易」，指在街市上買賣東西。買賣要平等交易，不可以自己去買的時候，要秤高高的，或者用斗量的時候用力壓，壓得密實一點、滿一點，這樣去跟人家買東西，不應該。賣東西給人的時候，不可以拜低低的，或者用不足分量的拜，這都不行。要公平交易，應該多少錢就是多少錢，給人家量鬥，或是用秤稱的，要合乎平等。如有不平等的事情，可以告訴他秤不夠，應該是平的，多減少加。無論買賣都要公平交易，這合乎戒律，不公平交易，得失意罪，獲不起、墮落、不淨、有作惡報。

「若作市易斗秤賣物，一說價已，不得前卻捨賤取貴」，跟人家買東西，講好價錢，又看到別處比他的便宜，就要，去買便宜點的，或者是賣東西時跟人講好了，價格較低，有人出價高，就想賣給出價高的，這都不行。受菩薩戒的人應該預先講好，吃點虧就吃點虧，不可以犯戒。

鬥稱量物也是這樣，已經講好多少錢一鬥，那就不可以有人出高價就賣高價、不賣賤價。優婆夷出去買東西也是一樣，講好了十塊錢買，看到有八塊錢賣的，十塊錢的就不要了，去買八塊錢的，這不可以。這是甚麼？是你沒有準則，不講信用。受菩薩戒的人不能這樣做，在哪裏講好價錢就在哪裏買，吃虧就吃虧，不這樣做，就違背菩薩戒了。

非時非處行欲戒第二十

若優婆塞、優婆夷受持戒已，若於非處、非時行欲，是優婆塞、優婆夷得失意罪，不起、墮落、不淨、有作。

「非處行淫」，這是對正式夫妻說的，夫妻行淫不是犯邪淫，是正淫，要有一定的處所，不可以亂的。「非處」指不是行慾的處所，人多的地方，不潔淨的地方，佛前，寺中等；「非時」指不是行欲的時間，下大雨、刮風、霹靂、閃電等時候，都不可以。非道也不可以，學佛法的人，即便是在家人，有行淫的事，也要有一定的時間、一定的處所，不可以亂來。一亂來也就犯菩薩戒了。

夫妻在寺廟、庵堂，或者道場裏，不得行欲，甚至也不得同房。如果環境不允許，衹能同房，也不可以行欲，要禁止，守禮教。道場的邊緣、塔邊、祠堂、大會之處，不得行欲，甚至於有雕塑的佛像、繪畫的佛像處，也不得行欲。家居時，佛堂供奉着佛像，或者懸掛佛像的任何處所，均不得行欲。於不得行欲之處而行欲，雖夫妻也犯了邪淫戒。

非時行欲，受戒的優婆塞、優婆夷，於佛的生辰日、菩薩的生辰日、佛的涅槃日，不得行欲；六齋日不得行欲；父母的壽辰、死喪日期，及父母難日，就是自己的生日，均不得行欲。若於此日行欲，就犯邪淫戒了。

商賈不輸官稅戒第二十一

若優婆塞、優婆夷受持戒已，商估販賣，不輸官稅，盜棄去者，是優婆塞、優婆夷得失意罪，不起、墮落、不淨、有作。

「商賈」就是做買賣的商人，做買賣要交稅。「盜棄去者」，偷偷地走了，或者不申報、隱瞞官稅，這是犯戒。受戒的人，一定要應報稅的去報稅，是多少就多少。以直心做事，不要用彎曲心，那有失忠厚，有失菩薩戒的本分。

「商」是直接經營生意的人；賈，是中間商人，做批發業者；

販，是運輸、貿易業者；賣，開工廠製作產品出售的人。這四種商業行為是概括性的，還有很細的分類。總之，凡是買賣的行為都屬於商賈。

「不輸官稅」，政府有一定的稅制，商賈都不去交稅，國家就失去了經濟資源，這種行為是犯國法的。受戒的優婆塞、優婆夷，經營商賈販賣各種商業，均應按時交稅。中國古來採用「什一稅制」，就是十分抽一分的稅。印度的稅制是六分之一法，六分抽一分稅，是比較重的。不管是哪裏的稅，按照國法去交稅、完稅，纔合乎正規的受戒者。如果本來賣了一百塊錢的東西，說成五十塊錢，或者六十塊錢，少報了四十塊錢，就是漏稅，這也屬於盜，犯了盜戒，是受戒的人不應該做的。

犯國制戒第二十二

若優婆塞、優婆夷受持戒已，若犯國制，是優婆塞、優婆夷得失意罪，不起、墮落，不淨、有作。

所謂「國制」，就是國家擬定的一切制度、規章、法令，乃至良善的風俗習慣。犯國制，就是違反國家的制度、法章，違背善良的風俗習慣。如徵兵，國制之一，受了戒的優婆塞、優婆夷不得因六重戒中的不殺戒而拒絕服兵役。受戒的佛弟子不遵守國製，招引普通人的譏諷、誹謗，使人造口業，這是對佛法弘揚更大的障礙，所以要遵守國制。

得新食不先供三寶戒第二十三

若優婆塞、優婆夷受持戒已，若得新穀、果、蓏、菜茹，不先奉獻供養三寶，先自受者，是優婆塞、優婆夷得失意罪，不起、墮落、不淨、有作。

「新穀」，就是新收的糧食，如稻、麥等，它不是倉存的陳年老穀，更非霉爛或敗壞的舊穀，而是新收割的糧食。果這裏指樹上結的、有核的、剛長熟採摘下來，如梨、杏、桃等等。瓜指葫蘆、倭瓜、南瓜等蔓藤所生的果實，黃瓜、青瓜都屬於這一類，即有子而非核，西瓜、香瓜也是。菜，指新下來的蔬菜。茹，是根部所結的果，有番薯、馬鈴薯、蘿蔔等等。

以上這些食物，以季節性的上市為限，若是新出的，要先供養三寶。我們是三寶弟子，要尊重三寶，要去供養僧、供養佛、供養法，那這是菩薩戒的本分。現在城市的人不種這些，但在街市看到新上市的，或者以前沒有、現在新出來的東西，也可以買了供養三寶。如果不供養三寶，自己先吃，就犯那幾種輕罪了。

如果寺廟離的很遠，比如在香港買了一點新品，送到荃灣去，來回地車乘跋涉，很費時間，那麼就在自己家的佛堂供養，供養佛、供養法、供養僧，作意也是供養三寶。一點點東西並不是很了不得的事情，可你心裏總念着有三寶，去供養三寶，就得無上的福田。

僧不聽說法輒自作戒第二十四

若優婆塞、優婆夷受持戒已，僧若不聽說法、讚嘆，輒自作者，是優婆塞、優婆夷得失意罪，不起、墮落、不淨、有作。

「不聽說法」，指受戒之後的優婆塞、優婆夷，未得比丘、比丘尼許可，自己就去說法，或者所說不如法，經僧制止而不聽。「說法」，是集合眾多人而講經說法，這一定要有僧人准許。講經說法本來是出家人的事，可現在的出家人很多不懂說法，真不如有的在家人，這些在家人修學佛法非常用功，講法頭頭是道。可是，這些在家人不應自己能說法就認為「出家人都不如我。」貢高我慢生起來，更是犯戒了。即使會說法，也要抱着謙虛的心，請教師父：「我可不可以說法？」懂理的人一定會贊成：「好，你去說法，很難得，你能夠發心，真是求之不得。」法師也會教導你，這樣你就不犯戒了。

有的人學法不究竟就上台去說法，而且沒有一點慚愧意，這樣即使講的法是對的也沒有功德，因為是懷着貢高我慢的心去說法的。所以，在家人要講經說法，應該先去請教比丘、比丘尼。得到他們的許可，你說法更有依託，不犯我慢貢高的過失。

「不聽讚嘆」，這怎麼解釋呢？人家讚嘆你都不聽？好像不接受尊敬似的。所謂讚嘆者，是一個助道之緣，用語言或文字來讚嘆比丘、比丘尼，宣揚其德譽，讓佛住世。佛在世的時候，常有弟子對佛讚嘆，佛也會對某一個弟子讚嘆，比如說長老舍利弗聰明智慧，都是互相讚嘆。佛的諸弟子已至心無所住的境界，別人讚嘆他甚麼，他心裏都毫無動念。你讚嘆佛，佛更不會動心，不會因為被讚嘆生起貢高我慢。但是對於沒能證得空理、沒有定力的出家人來說，聽到讚嘆，被人家說「真了不起」，可能就把貢高我慢的心生起了。

這是對末法眾生而說的。

出家人講法講的好，不用讚嘆；講的不好，不要謗誹，默然承受，接受好的道理，深入八識田中，種個好因；聽到有地方講錯了，心裏知道就可以，自己做一個借鑑，自己不要這樣講，不要這樣學。這個「不聽讚嘆」，目的就是讓人不要讚嘆尚未至「心無所住」的出家人，否則令他生起貢高我慢的心，反而墮落了。

對於讚嘆，功夫深的人他聽到了不動心，如果功夫不夠，自己不自知，聽到讚嘆，就以為自己真的很好了，那就是錯誤了。

在五衆前行戒第二十五

若優婆塞、優婆夷受持戒已，道路若在比丘、沙彌前行，是優婆塞、優婆夷得失意罪，不起、墮落、不淨、有作。

出家四眾包括比丘、比丘尼、沙彌、沙彌尼，加上學戒女，稱為「五眾」。優婆塞、優婆夷是在家居士，如果走路的時候，優婆塞、優婆夷走在比丘、比丘尼、沙彌、沙彌尼和學戒女之前，那就犯戒了。

雖然受了菩薩戒，可優婆塞、優婆夷畢竟是在家居士的身份，即便一個小沙彌，但他已經出家，還是高過在家居士的。所以行路的時候，不要跑到比丘、比丘尼、沙彌、沙彌尼的前面，否則就犯菩薩戒。

比丘、比丘尼自不必說，成為沙彌、沙彌尼，或是已經受了十戒的式叉摩那，也就是學戒女，要先學六法，準備受具足戒，她也高過在家的受過菩薩戒的居士。所以行路時，五眾在前，受菩薩戒的人在後。

以前有一個老比丘，收了個小沙彌徒弟，行路時，師父在前走，沙彌在後面走，還揹着行李。走着走着，沙彌發起了大心，想着怎樣度化眾生，怎樣行菩薩道。他心裏這樣想的時候，他師父就退到他後面去了，說：「你在前行。」這老師父還把這沙彌的包袱、東西揹在身上，讓他走。走着走着，沙彌又想，行菩薩道很難，我還是不修了，將來受比丘戒好了，他把菩薩心又收回來了。師父知道他的心，就把東西還給他，說「你在後面就行，把這些東西揹着。」小徒弟心裏疑惑：怎麼搞的，師父怎麼一會讓我前行，一會讓我後行？他就問師父為甚麼這麼做，師父說，因為你發起大心來了，你是菩薩，超過我了，所以我讓你在前行，我給你揹着包袱。後面你的道心退了，又恢復原狀了，就讓你到我後面，幫我揹包袱了。沙彌說，原來是這樣，他就發起大心，要作菩薩，行菩薩道。

僧食不公分戒第二十六

若優婆塞、優婆夷受持戒已，僧中付食，若偏為師，選擇美好，過分與者，是優婆塞、優婆夷得失意罪，不起、墮落、不淨、有作。

「僧中付食」，「僧中」指眾多比丘、比丘尼聚食之處；「付食」就是供養飲食或分配飲食給在座的比丘、比丘尼。在僧中，一僧不稱為僧，三人以上稱為僧，也稱為眾。在泰國或者緬甸，法師們天一亮就出去乞食，每個人都乞，有的人家給的飲食很好，雞、魚、肉之類，有的窮人家就給一點白米飯，或者不好的菜。好多年前，泰國比丘告訴我們，他們有二十三萬比丘，而軍隊有十八萬人，出家的人比軍隊的人還多。二十多萬僧人，一早出來，滿街滿谷都是身着黃衣服色的出家人，一隊一隊在乞食。乞食回來，飲食都倒進一個大鉢，攪拌均勻了分給大眾吃。有些年老比丘或者小沙彌走不動，不能去乞食，就是等青壯比丘乞食回來後，分給他們吃。

「若偏為師」，假如比丘有私心，給自己的師父挑一點好的肉類、菌絲等，給師父吃，就是「偏」，就是單單找好吃的東西給自己師父，這叫「選擇美好」。「過分與者」，說的是本應每人一鉢，他卻要給自己師父多一點，「與」就是給。這等於感情用事了，

這樣做的優婆塞、優婆夷得失意罪。居士們供養僧應該平等供養，「我的師父，要供養好一點，供養多一點」的行為不可以。

假如法師生病，或是有因緣，那麼給他個別供養是可以的。如果在同等之下，就應該甚麼東西都一樣，這樣就合乎在家居士的作為。

偏為師，這個師有好多類，有得戒師、剃度師、羯磨師、教授師、開堂師、引禮師，這是自己所親近的親教師。偏師，就是對於以上諸師非常恭敬，分配飲食的時候，給他們加一些好的，或分多一點。有這種態度，就失去了佛陀的平等之心，應該平等給與，這纔合乎佛法。

養蠶戒第二十七

若優婆塞、優婆夷受持戒已，若養蠶者，是優婆塞、優婆夷得失意罪，不起、墮落、不淨、有作。

這一段專指養蠶的罪。蠶是一種昆蟲，出生的時候，形很小，是黑色的，它要經過四次蛻皮，吐出來的絲把自己纏起來結成蠶繭。抽絲剝繭，要等蠶吐絲自己包圍起來之後，用開水來煮它，一煮那裏面的生命就給殺死了，衹有這樣蠶絲纔完整的。

人養蠶取絲，蠶蛹全部殺死了，沒有一個能生存的。做這種生意，一摞蠶就有多少千隻，殺生太厲害，所以受戒的優婆塞、優婆

夷不能養蠶，做這個事情就犯戒。養蠶雖然能生產，能幫助我們維持生活，但行菩薩道的人不做這個生意。持戒的人，好多連絲綢都不穿，因為那是殺生害命得來的。受菩薩戒的人不要穿皮草，那也是殺生而來的，雖然很名貴、很值錢，但穿在我們身上畢竟不太適合。受菩薩戒的人不穿皮草，不穿絲質的衣服，就減去了與它結緣的機會。

行路見病捨去戒第二十八

若優婆塞、優婆夷受持戒已，行路之時，遇見病者，不往瞻視，為作方便，付囑所在，而捨去者，是優婆塞、優婆夷得失意罪，不起、墮落、不淨、有作。

現在的人行路機會不是太多，出門多是坐車、坐船、坐飛機，假使途中遇到了有病的人，不管是車上還是船上，受菩薩戒的人應該去看望，看看是不是需要通知他的家人，或是叫救護車把他送到醫院。如果明明看着那個人倒在地上卻睬也不睬，轉頭就走了，這就失去了慈悲心，就犯了菩薩戒。

出家的人，或者在家居士，都是佛的弟子，佛都是以慈悲心為主的，凡是出於慈悲心的事情，就應該去做。假使有人去管了，可以不管；沒有人管，就去管一管，這是修福的機會。

「為作方便」的意思就是，應病者的要求，或代為轉達給他的家人，或把他送到醫院，或安頓照顧他。比如，問明病者的地址、姓名、其親人的信息，並通知他們前來料理。如果病人不能言語，或者聯絡不到親友，應代為護送到醫院。遇到沒有錢醫治的，要施捨，這就是作方便。

結文

戒條到這裏就講圓滿了。以下是結文。

善男子！若優婆塞、優婆夷至心能受持如是戒。是人名為優婆塞、優婆夷中分陀利華。優婆塞、優婆夷中微妙上香。優婆塞、優婆夷中清淨蓮華。優婆塞、優婆夷中真實珍寶。優婆塞、優婆夷中丈夫之人。

這個是結文，是讚嘆的。如果受了戒的優婆塞、優婆夷，至心受持，就是很誠懇地來持誦在家菩薩戒的六重二十八輕戒，是人就可成優婆塞、優婆夷中的分陀利花。「分陀利花」就是大白蓮花，蓮花生於汙泥而不染，是一種品質高尚、非常香潔的花。

「優婆塞、優婆夷中微妙上香」。「微妙」，意趣很高深、很悠閒，不可思議。「上香」，指最上等的香。佛在《佛說戒香經》中講的「有風無風香遍十方」，這是上香。近事男、近事女是親近三寶的男子和女人，世間若有近事男、近事女，就是優婆塞、優婆夷持佛淨戒，行諸善法而不殺生、不偷盜、不邪淫、不妄語、不飲酒，是近事男、近事女如是戒香，聞遍十方。持戒清淨的人，身上有一種香氣，這叫戒香，還有定香，大修行人身上是沒有臭味的，都是香味，這是由修行而來的。

聞遍十方，就是十方世界都能聞到，十方鹹皆讚嘆，都來讚嘆他，對他起恭敬心。這是以戒法為嚴飾，莊嚴己身。成就戒法為塗香，持戒清淨，身上有香氣，就等於塗香。所謂微妙上香，即持佛淨戒、成就戒德的近事男、近事女，其得名如同塗了上香一樣，聞遍十方，無論多遠都能聞到。

「優婆塞、優婆夷中清淨蓮花。」所謂清淨者，已離惡行的過失。因為他持戒清淨，煩惱的垢染都能離開，就像蓮花出淤泥而不被所染一樣，故至心持戒的人應絕諸惡，就是把一切惡法都遠離了，說不善法也摒除了，方能清潔如蓮花一樣。

「優婆塞、優婆夷中真實珍寶。」所謂珍寶，就是金、銀、琉璃、珠玉之類的稀世寶貝，一般人非常珍愛，真實珍寶指貨真價實的。至心持戒的人，戒德崇高，如同世間的稀世珍寶一樣難得。

「優婆塞、優婆夷中丈夫之人。」所謂丈夫者，指勇健威猛的人。修行精進正道，行持戒不退轉，就是丈夫。受戒的時候問：「你是丈夫嗎？」答：「是丈夫。」丈夫真能放得下，修學佛法的人，能成為丈夫。

佛在經中說：五濁世為淨戒深行，善解脫心、善解脫慧，獨住清淨。就是真實修行的人、沒有濁穢的人，他清淨身心，守持淨戒。善解脫，守持淨戒自然得解脫；善解慧，他的智慧也增長。獨住清淨，自己持戒就自己清淨，不持戒濁穢。所作已辦，如此是名勝丈夫。修行的人，必須至心受持，無時不刻都能持戒，就像大丈夫一樣。寂靜身行，甚至無濁思惟，以求佛道，這是真正的丈夫纔能做到的。

善男子！如佛所說，菩薩二種，一者在家，二者出家。出家菩薩名為比丘，在家菩薩名優婆塞。出家菩薩持出家戒，是不為難。在家菩薩持在家戒，是乃為難。何以故？在家之人，多惡因緣所纏繞故。

這怎麼解？出家的菩薩受戒之後有二百五十戒，出家的菩薩戒戒律很多，無有遺漏，對身、口、意三業能夠管束。第一，出家菩薩不養父母、妻子、眷屬，沒有這個垢累障礙。

第二，出家菩薩不需經營農工商業，不受物質金錢所累。

第三，出家菩薩注意生緣，以清潔道友為伍，所居處都是以修行為主的出家人，關係單純，不受社會上複雜的人際關係累障。

第四，出家菩薩日以修道精進為生為物，不受生活奔波的煩惱障。這是出家的好處，所以說他不難。

在家菩薩持在家戒，是為難，是乃為難。在家人持受五戒和八戒，還有六重二十八輕戒，戒律雖然並不多，對身、口、意三業的防範也較為寬鬆。這樣看在家菩薩持在家戒，應該是容易的，但佛說實乃為難，其理由有四：一者，在家菩薩要孝養父母，供養妻子、眷屬，有這個累；二者在家人經營農工商各業，為物質金錢所驅策，一天到晚追逐名利；三者，在家菩薩身居社會，與各色各樣的人為伍，人際關係非常複雜，是非又多，道業大受幹擾，不容易修行；四者，在家菩薩俗務纏身，疏於修道，這是肯定的。一心不能二用，比如做生意，黑夜白天都想着生意的事情，想着各方面周全，哪有時間向道方面去追求？在家菩薩障累太多，故持在家戒是為甚難。

問：這有第一個問題，說有一個朋友因為有事發生，先在菩薩前發願吃齋，但時常有點事情，不吃了。今又在觀音菩薩前面說「對不住，我吃不到齋，不吃啦，請觀音菩薩見諒。」

答：菩薩也不怪你，菩薩很慈悲，都是隨眾生的緣，真的不能吃長齋，可以不吃，菩薩不會怪你的。吃齋在個人發心，你吃一天齋，所謂一日吃齋，天下殺生無我份。就是你一天吃齋了，天下殺生你沒有份，不造殺業了，你有一天齋都好。長齋不行，短齋可不可以？比如我初一、十五？再多一點，可以吃六齋。在香港，吃齋是很平常的事情，素菜館都是滿座，吃齋的人吃一天齋，一個月吃兩天齋，也算不了甚麼。你吃一天齋，有一天的功德，盡量做到。

問：在家人是否不可以受十重戒？這個原因是甚麼？

答：因為在家人有妻子，在家菩薩戒裏是斷邪淫，不斷正淫，而十重戒裏不准有欲，不能跟女人同住。所以十重戒比較嚴格，確實就是像出家人一樣要斷欲的，這一點一般有家庭的人不可以受。

問：受了菩薩戒後是否要吃長齋呢？假如說不能，是否可以受此戒？

答：菩薩戒講慈悲，第一個就是殺戒要斷。菩薩講慈悲，最不慈悲的就是殺生。所以要行菩薩戒，首先要戒殺生，戒殺生包括吃長齋。如果你還是吃肉，那就有殺生的成份，因為有人吃纔有人殺，如果沒有人吃，殺了生也不吃，就沒人殺生了。所以受菩薩戒首先你要考慮吃長齋，不能吃長齋，就不要受，因緣成熟了再受，一樣的。

（編者注：此處當有問，因錄音缺，僅保留答文。）

忠孝，這個忠孝不是愚忠愚孝。忠，對國家要盡忠，因為國家保護我們，人民的財產生命都在國家，有法律、有警察維護秩序，我們要忠於國家，這不屬於愚，是盡忠。對父母不是愚孝，而是盡孝。做子女的，色身由父母十月懷胎而來，父母養育之恩昊天罔極，非常大，天再高，地再厚，父母的恩德也超過。對父母孝不屬於愚，屬於智孝，是應該應份的。殺戒第一，意思是都不可以殺。螞蟻等害蟲對衛生的影響很大，不去殺它，影響人的健康，這是對的。可是你要早防範，不殺生也不是說絕對做不到的，可以早點清潔，打掃乾淨，或者是早一點噴藥水，害蟲吃了就都跑了，還是要盡量避免殺生。其實，在這個世界上，難免無心殺生，地上很多螞蟻，我們看不見的時候一腳踩上了，祇能說在行事方面殺生是有罪，希望你不要殺生，讓你盡可能把各處打掃乾淨，希望害蟲自生自滅，乾淨的地方它不來。盡可能不殺生，那就是功德無量了。

問：在家修行佛法的弟子們，如果初犯戒，是否永遠揹負着犯戒的因果？有何方法可以洗脫？

答：犯了戒可以懺悔，有很多的懺法可以懺悔的。在這個世界上，除非持清淨戒，證得四果羅漢，否則沒有辦法不犯戒。持清淨戒是很困難的事情，所以犯了戒盡可能去懺悔，也可以向法師求懺悔，也可以向佛菩薩求懺悔。對佛菩薩求懺悔，我們拜大悲懺、三昧水懺、梁皇懺。不能拜懺的，念佛，念佛也消罪，念佛一聲，福增無量，臨佛一拜，罪滅河沙，都能懺悔罪業的。要常常求懺悔，因為我們在這個世界上沒有沒有罪的，水裏有蟲，米裏也有蟲，你能不吃水、不吃飯嗎？不可能。時時犯罪，就時時求懺悔，到了最後，你這罪就清淨了。

問：本人想在每月的十五在家受八關齋戒，是否把法師在經本所講的戒規照讀便可以？

答：如果是很近的法事場所，或者道場之中，就請法師授戒，法師在上面授，下面很多的人在一起。受八關齋戒實際上是很短的，受戒的時間也不過半個鐘頭，受戒以後，你受一日一夜，就是二十四小時。比如你今天早上受了，到明天早上那個時間你的戒就沒有了，自然就失去了。八關齋戒很容易受持，也很容易受，很簡單。第二天，也不用對佛菩薩說甚麼，不用捨戒，自然受着二十四小時，一晝夜就完了，第二天禮佛三拜就可以，不必說甚麼。

受了菩薩戒，六齋日要供佛、過午不食，晚上肚子餓了怎麼辦？這個很簡單，你喝一點鮮奶，或者流質品，是可以的。但要吃素，你這是六齋日吃齋，其他日不吃齋，是不是這個意思？

如果是六齋，你要吃素，過午還可以吃飯，那不是吃齋。齋者戒也，過午不食，晚上喝一點流質品。如果真的頂不住，肚子餓的覺也睡不着，那麼你可以吃東西，你那就不是過午了，那就是吃素了。

問：如果家裏看電視，電視裏出現惡行，會看到或聽到怎麼辦？

答：你在家裏看到不要緊，那不犯戒，不是八關齋戒的，不過往觀聽。現在家裏都有電視，把耳朵塞起來，把眼睛蒙起來，不可能。你一點不看，或者禁止別人去看是不行的，看一點也沒有甚麼關係，不生心動念算不了甚麼。

問：我們為了教導孩子，常常罵孩子，是否犯了嗔戒？

答：知道媽媽罵孩子是愛的，不是恨，不是嗔恨心，這都是假的。有嗔恨心就不好了，那你就種了嗔恨的因。罵孩子沒有嗔恨心，那就不犯戒律。如果你真的犯了，真是發嗔恨心對着別人，或者是冤親債主，那是從心裏頭發出來的恨怨心，那學佛了，就不應該了。所以對待孩子雖然是罵他、打他，但是沒有嗔恨心。

問：在窗前看見兩朵金蓮花，請問師父，金蓮花是夢中看見？亦或是在窗前念佛的時候看見的呢？

答：如果看見了，你不要生歡喜心，也許是魔王現兩朵蓮花來接引你，所以不必生歡喜心。你要自問你念佛的功夫如何，真能念到一心不亂，空中現出蓮花來，那有沒有佛菩薩像？如果祇有兩朵蓮花，這是好的現象，但是你不必歡喜，一歡喜，這個境界就沒有了，就當沒有甚麼。如果是假的，不是念佛的感應，蓮花也是幻化，不是真實的，所以不必當回事情。我們在夢中看見甚麼東西，都不是真實的，夢要是真實的話，你夢裏發財了，就真的發財了嗎？不是的。夢境的事情不可以考據，也不當它是一個實在的。夢好也不必歡喜，夢壞也不必憂愁。我們不要跟着夢境走，人生就是夢，夢中再做夢更是幻化的了，夢哪有真實的呢？

問：我最近到過越南，看見那兒的廟宇所用的都是「卐」字這個符號，跟我們香港的符號有點相反，為甚麼？

答：越南的情況我不是十分了解，我們佛教的「卍」字是這樣子的，不是反着的。反着來的，是希特勒德國的國徽。越南的「卐」字跟我們相反，這個是不是確定我不大清楚。如果要是佛教，你都懂的，這個「卍」字，一萬、二萬的萬字，佛的胸前都有這個字，這個字屬於萬德莊嚴，佛就是萬德莊嚴地，佛就是福慧兩足尊，所以有「卍」字的莊嚴像。

問：為何現今八關齋戒弟子不許六十歲以上的弟子參加？

答：我還是頭一回聽說。受八關齋戒沒有年齡限制，祇要你發心就可以受，一天一夜的話也沒甚麼，就是過午不食。過午不吃飯，你一天不吃飯沒有甚麼大不了，頂多喝點鮮奶，或者流質品。應該沒有限制，有限制的地方可能是因人而異了，看他的身體不好，勸他不要參加，可能是這種關係。

問：請問受了菩薩戒的可以吃蛋嗎？有師父說為了健康可以吃，但有師父說寧死也不可以吃，究竟誰是誰非？

答：這個就是因人而異。如果你持戒清淨，想着不吃蛋，也可

以不吃。要說為了營養，吃一點蛋，那也可以說是最輕微的，也算不了甚麼。所以看看你個人的喜歡，你吃了過患也不大。因為是為了營養，人離不開營養，沒有營養，病都生起來了，也不好的，所以我說你們願意吃就吃。如果想持清淨戒，不吃，也沒有問題。也可以的。

受菩薩戒之後可以吃肉邊菜，還是吃清淨的齋菜？這個也是隨你的情況。香港的齋菜可以說非常豐富，你放點材料，油鹽好好燒一燒，那就不一定要去吃肉邊菜了。如果家庭裏衹有兩口人，或者夫妻兩個，一個吃素一個吃葷怎麼搞？燒兩樣菜，或燒幾樣菜，就隨你個人的緣。凡是持清齋淨戒的，那麼你有清齋淨戒的功德，如果環境不容許，那麼佛菩薩也慈悲的，佛法是圓融的，沒有那麼死板，你可以吃。剩你一個人時，你就可以發心吃吃素膳，也可以的。佛教裏頭自在，不要因那麼一點點的吹毛求疵，就影響你的修行，也影響你的信心。要以個人的環境為主導。

受菩薩戒，如果身體不適可以吃維他命，維他命是藥。那麼甚麼樣的維他命呢？有醫生給你開方的，你可以吃，沒有問題。

問：不持戒有時忘記六齋日，是不是破戒？

答：也不是破戒，但是破齋，就是我今天本來吃齋沒有吃，也不是大問題。因為我們事務多，記性不好，常常很難記得那麼清楚。今天本來吃齋日，忘記持，明天補也可以的。佛法圓融，不要因噎廢食，那就失去佛法的意義了。

五戒和八戒的分別，五戒殺、盜、淫、妄、酒這五條。八戒裏不坐高廣大床，不著香花鬘，不香油塗身，就是不要裝飾自己，不要坐很高廣的大床。不過往觀聽，不去看電影、不去跳舞廳。還有過午不食，不非時食。這三條加上五戒，這就是八關齋戒。八關齋戒一

日一夜，應該是很容易受持了，一天不去看電影，即使沒有受戒，你也不是天天看電影，去跳舞廳也一樣，所以八關齋戒不是大問題。

問：家裏可不可以供多位菩薩？

答：可以的，沒有問題。比如觀音菩薩、地藏菩薩、文殊菩薩、普賢菩薩，都可以供，衹要你家裏有地方，菩薩都是一樣的，沒有妨礙。

問：我身體患癌症，所以受五戒，我家中供養着佛菩薩，但這病隨時有危險，家中的兒女又小，丈夫也不大信佛，在此情況下，我要將佛菩薩和香爐怎樣處理？

答：你可以送到廟裏去，我們廟裏有很多菩薩像、香爐，你就送到廟裏，我可以幫你處理。

問：我受了五戒，吃長齋已經兩年多了，但我家人不吃素，我天天要為他們買菜、煮飯，在此情況下，不知可不可以受菩薩戒？

答：可以受。佛法不離世間法，你在家庭的環境裏，你要煮飯、買菜，不能因為你吃素不去買、不去做，變成家庭又要請人來照顧了。可以買菜，就是所謂公修公得、婆修婆得、不修不得。你自己想受菩薩戒可以受，沒有問題。

問：網課裏說花開見佛，是怎麼樣見？是夢中見，或者是明明白白地見？

答：這個花開見佛，是西方極樂世界的境界。西方極樂世界不是父母所生，而是蓮花化生。我們現在開始念佛，阿彌陀佛就丟一蓮花的種子在這蓮池裏頭，我們這邊一路念佛，那邊蓮花就長，等你這邊百年歸宗了，要往生極樂世界，你就入蓮花的胎中，蓮花胎中還要經過很長的時間。到你的因緣成熟，修行有成就了，就花開見佛。那時候花開了，你當下就可以見到佛像了。所謂花開見佛是你生到極樂世界去。經書裏也有說，像過去的高僧，看到阿彌陀佛手托着蓮花來接引他，他就去了。這個人在世修行非常高深，往生到極樂世界，蓮花已經成熟了，那麼即刻就花開見佛。沒能夠成熟的話，你往生極樂世界，也不是即刻就花開見佛，而是要經過很長的時間再去修煉，成就了，纔花開見佛。

西方極樂世界有四種國土，凡聖同居土，就是我們帶業往生的人，生到極樂世界的蓮花裏化生，那裏也要很長的時間，經過多少劫，但在那裏不墮落。遇到白鶴、孔雀、鸚鵡、舍利，這些小鳥都是念佛、念法，你的善根慢慢地培養、成熟，遇到諸上善人俱會一處，由他們陪伴着你，增長你的道業，這樣經過很長的時間以後再

花開見佛。方便有餘土，那是四果羅漢居住的地方，在我們這個世界能破了見思惑，生方便有餘土的話，就能很快解脫，但也要經過一個時期。實報莊嚴土就是佛的報身居住的地方，就是等覺以上的大菩薩所居住的地方。常寂光淨土，那個時候可以花開見佛了。如果你能夠生到常寂光淨土，你的修行幾乎達到佛位了，都是一生補處的菩薩生的位，那個時候生到那去，立馬就花開見佛。六通自在現前。六通，就是天眼通、天耳通、他心通、宿命通、神足通、漏盡通。六通自在，如果你能夠得到六通，比如天眼通，你看不見的我都能看見；他心通，你心裏想甚麼我都知道；天耳通，多遠的聲音我都能聽到等。等得到六通自在，在我們的世界就非常自在了。我有神足通，想到美國去，即刻就到，不用坐飛機，你到哪去都可以的。

問：在家修行者一心想到西方淨土，但其貪、嗔、癡念卻

未消滅，往生時候是否被接引到淨土？

答：念佛的人要發願，所謂信願行，這是往生的三種資糧。如果你信願行不具足，往生就有問題，信念不堅強，行持不得力，往生的希望會落空。西方極樂世界，有帶業往生這一個法門，有貪嗔癡的，就是下品下生，就是凡聖同居土的人，可以往生，是帶業往生，不是淨業往生。有貪嗔癡的種子在心裏，仍然可以往生，沒有問題的。但是念佛肯切的纔可以，念佛念的不肯切，這希望不是太大的。

求佛求往生西方，一定要愛好三寶，就是恭敬三寶。如果你對三寶都不恭敬，那麼你這往生的心念不虔誠。想求生西方，首先要念佛，念佛要懇切，發願要堅強，行持要堅定，這三種是往生的資糧，缺一不可的。所以我們學佛，一定要虔誠纔可以。

我們修佛應該急切着重於改善我們多生多世的習氣，這是很重要的。你習氣不改，老是罵人，怎麼往生呢？念佛就得跟佛學，心裏要清淨，老是罵人你心裏都不清淨，念佛就打折扣了，一定要把習氣毛病改掉。我們要同時學知識，知識是開路名言，讓你明白怎麼修，如果不明白，沒有這個知識，你修不了，因為障緣太多。知識豐富，自己明白怎樣修法，這對修行來說是有好的地方。

問：婦女在戰難時候受軍人的強暴，或者是特殊的環境困擾有墮胎，有何補救？

答：墮胎這個事情變成比比皆是了，沒有受到強暴墮胎也很多，因為香港環境的關係。墮胎之後，要好好修行，好好懺悔，也給他做一個超度，令被墮的亡者離苦得樂，早再轉世。這個過錯已成，就衹有自己多念經，給他回向，讓他離苦。

問：受了菩薩戒，有時候意念一起有不好的念頭，是否犯戒？

答：意念人人都有，好壞隨着因緣。遇到一個好的境界，善的念頭起了；遇到不好的因緣，惡念就起了。這個就要我們學佛的人克制自己，不起壞念頭。起一個壞念頭就有一個因，不是我打個妄想就完了，打過去沒有了，不是的。有一個因種將來就有結果的，壞念頭有壞的果，我們人生之中有時候很好，有時很壞，這好壞就是前世的因果，今生感到這報。

吃長齋的人，魚油丸可以吃，這是藥品，同時它沒有形象，也沒有味道。為了營養，或者為了治病，可以吃，這不犯戒。

問：受菩薩戒的，你的念珠很好，往生的時候，這個如何處理？

答：我們在往生的時候可以拿念珠，這個念珠用木頭珠就好，不要用珠寶，或者是瑪瑙，或者那種燒不爛的，都糟蹋了，念珠給人家結緣好了。往生的時候，可以穿袍，不要大衣，大衣是戒衣了，因為人死之後這五戒的相就沒有了，所以就不要大衣，穿袍就可以了。

問：已經受了菩薩戒，已經吃長素，但塵緣未了，家中的孫兒，或因父母工作的關係，弟子帶去街市買魚肉，這些應該都是已經燙死的。這樣做是否有違犯？

答：這個不犯，既然是家裏有這樣的需要，我們學佛要通融。學佛是很圓融的，不是一成不變的，你的環境需要這樣，你要為了吃素學佛，連家庭都不照顧了，那也失去受菩薩戒的意義了。所以你衹管去買、去做、去煮、去燒，都不犯戒。

問：再請師父開示，我每天都是早出晚歸，午飯永不在家裏吃的，請問我不能在六齋日盛飯供佛怎麼辦？因為我也受了菩薩戒。

答：這個要看你的環境，佛法圓融，不是死板板的，所以有開遮持犯。既然環境不容許，你在外頭做工，還能帶着佛像嗎？不可能的，所以你心裏有就好了。你吃飯的時候閉上眼睛作想，我供養佛、供養法、供養僧，這就解決你的疑慮了。作意是一樣的，你總要吃飯，吃飯的時候心裏這麼一冥想就可以了。你看天主教徒，他吃飯的時候，就兩手往上一舉，說「主，多謝你賜給我的飲食。」他們也這樣做。我們自己吃飯的時候默念供養佛、供養法、供養僧，也就做到了。

問：師父，我每天到同一間佛堂，是不是每一次都該頂禮

住持師父和每位比丘、比丘尼呢？應該怎麼樣？還是向他們問訊。

答：我們天天去，拜佛了，就不必那麼多的。到了佛堂，第一個禮佛，有好久不見的師父在跟前，頂禮師父，見到其他的法師，你頂禮各位法師，不要天天都這樣，很絮叨，也很麻煩，就不必，或者向大家一問訊，這年紀大的居士，問訊就可以了。

問：請問，具是限制出家人使用呢，還是持某種戒的人頂禮法師才可以用呢？為甚麼現在在家居士也用呢？

答：具，應該是出家人專用的東西，在家不用這個具。具是出家人打坐、睡覺、休息時鋪上去用的，在家居士現在也都用了，也許不明白戒的關係，就用了，變成一種常態，大家你用我也用，你不用，就好像是對他有意見了。不用這個具是可以的。

問：我已受戒數十年了，以前早上是念《普門品》《金剛經》跟佛號，晚上念《彌陀經》及佛號，後來聽有人說不用念那麼多經典，衹念佛號便可以了，所以現在衹念《無量壽經》及佛號，這樣做不知是否正確？

答：這樣可以。誦讀經典重點是甚麼呢？綿密地、不斷地做。每天應該做多少功課，就要做多少功課，不要高興起來念了很多，不高興就一點都不念了，這就有間斷了，不太正確。我們應該正確念經，要看看你自己的時間，也要看看自己的眼力，如果眼花繚亂地看着頭都痛了，那你就不要去誦經，就去念佛。如果還可以念，也很歡喜念，你就誦誦經再念佛號。就像你吃東西一樣，獨孤一味，時間久了好像有點厭煩，所以就多吃幾樣，就是多念幾樣經，也未嘗不可，總之念大乘經典，都是有利的。

問：菩薩戒的第七條是一月之中有六齋日，受持八戒，是否每一月的六齋日都要在佛菩薩前自是受戒，受八關齋戒？手上的戒本第二十七條的八關齋戒儀軌中，我們應該讀誦哪些纔算受了八關齋戒？

答：如果受八關齋戒，就不是菩薩戒，菩薩八關齋戒有另外一個本子，照本念就可以了。

問：許多居士穿僧袍，沒有配上那塊布，這塊布是甚麼意思？還有用玉扣扣着它，這個玉扣又叫甚麼名稱？穿僧袍而不配上那塊布，又有甚麼意思？答：

答：那塊布，叫衣，配上衣的，受五戒的人纔可以搭，受了五戒，就是不殺生、不偷盜、不邪淫、不妄語、不飲酒，受了這五條戒的人纔可以搭衣。如果穿袍沒有搭衣的，那就是受了三皈依的，受三皈依的人可以穿袍。他們有點分別，就是一個受戒、一個不受戒。

問：有六十高齡纔真正出家，會不會接受？

答：通常六十歲以上的人，大部分不接受了，因為太老了。八十歲出家，也是小和尚，身體很老，年紀很高，但是出家很晚，也要作務，也要學東西，你不能出了家做老和尚，要人家伺候你。自己照顧自己都成問題的話，怎麼能伺候老師父？所以要出家就早出家，太晚出家的時候，照顧自己都麻煩。

剛才說玉扣，玉扣就是連繫這衣的，沒有扣就會掉下來，是搭衣用的。

問：人往生，可以穿海青，那麼五衣又怎樣處理？

答：五衣可以送人，轉送他人就可以了。

問：為甚麼要過午不食呢？它的重要性在哪裏？

答：天人是早上吃飯，佛是午間吃飯，鬼神是晚上吃飯。鬼神一聽到筷子碗的聲音，就煩躁、生嗔恨心。出家人以慈悲為主，為了免去他聽到碗筷的聲音而生嗔恨心，就告畢甚麼？過午不食，這是一個方面。另一方面，晚上吃多了東西很容易睡覺，晚上二六時中都要坐禪的，你吃了一肚子東西，坐禪容易昏沉。晚上不吃東西，讓你身心清淨，坐禪容易得禪定。所以過午不食有這兩種意義。

問：念阿彌陀佛的好處包括哪些？

答：那可多了，簡單說，這一句「阿彌陀佛」，包括三藏十二部一切經典在內。這三藏十二部經典不出戒定慧三無漏學，所以這就是把一切經典都包括，戒律是戒學，經典是定學，論是慧學。我們念一句「阿彌陀佛」的時候，心裏無掛無礙，清清淨淨的，那就是持戒。經典就是定學，論是慧學，總的來說不出戒定慧。念佛念到一心不亂，能所雙亡，就是沒有能念佛的人，也沒有所念的阿彌陀佛，心如如不動，這就是定學。我們正在念佛的時候，心地開朗，不懂的都懂了，不會的都會了，這叫慧學。這一念，戒定慧，都在這一句「阿彌陀佛」裏。念佛念到誠懇的時候，就能開慧，開大智慧，你能得到一心不亂，那不就入定了？所以無上微妙禪，都在這一句「阿彌陀佛」之中。

問：放燄口時入定，中途請菩薩時無起身合掌，請問師

父，他那樣做有無罪過？

答：放燄口佛事的時候，中途請菩薩時，他沒有起身合掌，這沒有罪。佛菩薩不怪罪一般人的，你不起來，佛不說「你輕慢我，降你罪。」不會的，要是這樣就不成為菩薩了。菩薩是慈悲，所以沒有罪過。

問：在家中受八關齋戒，要早上趕上班，那麼受戒的儀軌能否方便縮短一些？

答：可以的，就是單念這個戒條，不要請聖，請聖的時間很長，那麼你就單念戒條。主要是過午不食，晚上不要吃飯，晚上睡覺獨處，這幾樣做到就可以了。

問：過午是在十二時前、一時前、還是二時前？

答：「過午」應該是到十二點，我們中國的時間是十二點為中午，過了中午就叫過午。

還有一個問題，三皈依之後，三皈依的是皈依僧，當願眾生，體解大道，發無上心，可能最後有「和南聖眾」。「和南聖眾」，指僧眾在一起，大眾頂禮，頂禮就是統理大眾。「和南聖眾」有和合眾之意，僧人中有六合眾，在一起共修，大家圓滿，叫「和南聖眾」。

問：穿着出家人穿的黑色鞋，叫作羅漢鞋，亦叫居士鞋，正確嗎？

答：羅漢鞋沒有限定，居士可以穿。學佛的人叫居士，指居家修行的人，為了方便穿，一方面這鞋涼爽，叫作居士鞋也好，羅漢鞋也好，都不是問題，但是沒有正確的名字。

有居士穿了，別人說他犯了偷盜僧人物。那不是僧人所專有的，在家居士可以買，那不是偷來的，所以不犯偷盜罪。

問：出家人的法名上某下某，這是甚麼意思？

答：這是一種尊稱，「上容下行」，這是一種尊稱，你要直呼「容行」的話，好像是太直接了，這是尊稱，沒有甚麼別的意思。這個念起來還是很囉嗦的，上某下某，在文字方面寫起來可以，稱呼時「上某下某」有點累贅，所以直稱「某某法師」「某某長老」就可以。年紀大的人也稱「長老」。有甚麼事當面的話，不必稱上某下某，直接稱呼「某人」「某某法師」「某某長老」都可以。

有人問，菩薩戒裏「先宿」，「先」，就是先我之前的意思；「宿」就是老宿，就是尊長的意思。尊貴、尊長、年高臘長叫尊宿，也叫先宿。

問：有一個朋友從來不相信佛的，在一個多月以前因患上末期癌症，弟子就勸他念佛吃素，他也依順了弟子的勸告，但最終也往生了。在他往生的時候，他的兒女跪下來念佛，積極的信女見到一束強光，同時見到一位手持特別的手杖的和尚從半空降落，後面跟從的好像是觀音菩薩。弟子想問師父，他家人問為甚麼，這樣短的時間念佛，會有此現象？

答：這個人，第一他有宿世善根，第二他現在念得非常誠懇，所謂放下屠刀，立地成佛。他念佛的時間很短，為甚麼就那麼快有感應呢？就是他的虔誠。這一念虔誠能超百劫，所以冥冥中是有這種現象，這是非常好的。

以前有個屠夫，是殺豬、殺羊的一個人，他臨命終時遇到一個善知識，叫他念佛，他就狠狠地念。他兩個手伸不出來，念佛之後這一個手伸出來，他就往生了。往生之後，因為見到僧人的關係，他就轉世為豬，豬有一隻人手，因此免去了殺身之禍，被送到上海一個放生園裏去餵養，直至它老死為止，免去了一刀之屠。我們臨命終時，宿世的善根，加上今世的虔誠，所有的業累就不現了，所謂帶業往生。

問：無緣眾生不能度，甚麼叫眾生皆戒空，甚麼叫師師相授？

答：無緣眾生不度，人要種善因，有一點點善根纔能受度，沒有善根真的不能得度，當面遇到的時候，他對你毫無一點好感。我們要結眾生緣，在任何時候都要結眾生緣，將來可以受度。不結眾生緣，一切眾生跟你毫無緣，你說甚麼他都不聽的，這就是無緣的眾生不能度脫他。

甚麼叫眾生戒空？這可能是錯字。一切眾生本來是空的，不要去着相，一切法都是空的，因緣所生法，我說即是空，一名為假名，一名中道義。這個空並不是甚麼都沒有的空，一切法都存在着空。我不曉得這個詞怎麼解法，怎麼一個用意。

問：甚麼叫師師相授？

答：就是師父傳徒弟，徒弟再傳徒弟。就這個受戒來說，沒有師父說，你自己不能得戒，所以有壇上十師，那麼師師相授，你纔能得到戒體。

問：有個居士問，第九戒就是受僧用物戒第九，「受」是接受僧人的物品，僧人用的東西你拿來用，那麼僧人用的甚麼？

答：都是臥具，床座，那麼這個就不要用了，你要用了他沒有了。不應該受這些東西，這些都是僧人專有的物品。

問：第十七戒是不畜三衣鉢杖，是否僧物？

答：這有兩個意思，一是僧人用的，你拿來用了，他沒有的用了，這是指用僧人的物品。二是畜三衣鉢杖，是你儲蓄備用，你買來存家裏，遇到僧人需要用的，可以送給他，是這兩件事。

有很多的善信，大家捐米給一個獨居的老師太，老師太米太多了，吃不了，又轉送給一個在家的居士，這位居士已經受五戒了，但他不犯戒。米是人家送給他的，不是偷來的，人家捐送給你的東西，接受了，這個不犯戒。不受五戒的人，接受就是贈物了，也不犯戒。

二四〇